MOBILE MAGIC

抢占移动端

抓住新客户注意力的4个关键

[美] 汤姆·艾斯林格（Tom Eslinger）◎著
陈志超 李安◎译

中信出版集团·CHINACITICPRESS·北京

图书在版编目（CIP）数据

抢占移动端：抓住新客户注意力的 4 个关键 /（美）汤姆 · 艾斯林格著；陈志超，李安译. -- 北京：中信出版社，2016.10

（紫牛营销系列）

书名原文：Mobile Magic

ISBN 978-7-5086-6686-0

I. ①抢… II. ①汤… ②陈… ③李… III. ①移动终端-网络营销 IV. ①F713.365.2

中国版本图书馆 CIP 数据核字（2016）第 217335 号

抢占移动端——抓住新客户注意力的 4 个关键

著　　者：[美] 汤姆 · 艾斯林格
译　　者：陈志超　李　安
策划推广：中信出版社（China CITIC Press）
出版发行：中信出版集团股份有限公司
（北京市朝阳区惠新东街甲 4 号富盛大厦 2 座　邮编　100029）
（CITIC Publishing Group）
承 印 者：北京盛通印刷股份有限公司

开　　本：880mm×1230mm　1/32
印　　张：8.75
字　　数：110 千字
版　　次：2016 年 10 月第 1 版
印　　次：2016 年 10 月第 1 次印刷
京权图字：01-2014-1925
广告经营许可证：京朝工商广字第 8087 号
书　　号：ISBN 978-7-5086-6686-0
定　　价：58.00 元

第二部分　把握关键

第三部分 开始行动

不管白天还是夜晚，我们与它们形影不离。我们用它们接收故事、歌曲和视频，在演唱会和守夜时把它们举起，从那友善的光芒中得到慰藉，我们被一个个翻卷的图标吸引，在那小巧的界面上搜索，倾听它们每一次的召唤。我们为它们准备了最好的口袋，找到它们后禁不住去（再一次）亲吻它们。

我们永远也离不开它们。它们是最便捷、最个性化的沟通方式。但更重要的是，手机的诱惑让人无法抗拒，我们对手机的依赖已经丧失了理性。

也许正因为如此，很多营销人员想方设法通过手机与客户沟通。不断迭代的技术、产品和商业战略总是让我们应接不暇，忙着去找寻新的兴趣点。数据可以告诉我们用户什么时间、在什么地方、用手机做什么——但是，然后呢？

手机是个人的、私人的。因此，除非得到明确许可，消费者不会让任何内容进入自己的手机。现在，全球性公司可为每一位客户提供定制内容；小企业在不损失其特色和个性化服务的情况下，也可以接触到大大超越社区的客户范围。

为了让营销人员与受众群体进行有意义的接触，我们要做的事就是必须要制造相关性，要有激情，并且个性十足。但不能简单地感情用事，而是必须同客户建立起一种源于爱的关系。普通的品牌为公司和股东们所拥有，而至爱品牌（lovemarks）则属于爱这些品牌的人们；普通的品牌建立在尊重的基础上，而至爱品牌则建立在尊重和爱的基础上；普通品牌建立起的忠诚度是有一定理性的，而至爱品牌所激发出的忠诚度则超越理性。

《抢占移动端》是围绕如何对消费者进行情感投入展开讨论的一部最新著作。作为盛世长城公司全球数字创意总监，汤姆·艾斯林格是将这种论述角度引入手机领域的最佳人选。不仅因为汤姆指导了几个全球最大品牌的移动营销策略，最重要的一点是，他首先也是一个创意人。他懂得如何让伟大的想法变得更伟大，也知道如何再将这些想法提炼浓缩，客户拿到的是浓缩后的精华，于细微处见真情，这就是移动领域创造性的精髓。接下来，请让汤姆为您引路！

盛世长城国际广告公司全球CEO

凯文·罗伯茨

营销，从人的欲望出发

真不知道以后的手机会变成什么样子。在盛世长城新西兰公司工作时，我曾与愿意尝试新鲜事物的客户一起做过手机实验，但在刚迈入21世纪的那几年，这只是一种利基实验。后来，我往返于洛杉矶和伦敦两个地方工作，其间有幸把手机技术大规模地应用于各种品牌。而现在，手机应用已经无处不在。

作为盛世长城全球公司数字创意总监，我可以告诉你，现在每个品牌都把手机营销当作头等大事。

虽然手机营销已经有十多年的历史，但我们却仍然处在手机营销的早期阶段。在营销过程中，我们不断地给人们带来手机使用的福音，努力弄清如何开创真正亲密而个性化的产品，使得产品可以直达每一个人。我们不断审视自己的工作，以确定哪些创意是真正伟大并符合移动市场特点的。

这就是本书的切入点。在《抢占移动端》中，我们从盛世长城公司在“至爱品牌”上的笃信着手，相信“为品牌植入超理性忠诚度”这一理念，把公司的营销哲学与我个人在手机方面的经验相结合。

目的是让各种营销人员（不论这些营销人员所做生意大还是小）洞察手机世界，深入了解我们公司的世界观以及我个人在创意战略产品和创意战略过程中的实际经验。本书的核心理念就是规模：如何找到适合自己的规模，如何在自己需要工作的层次上展开工作，如何让营销的规模同预算和受众相匹配，以及如何分析自己的创意能否在大的规模上展开。

我刚在新西兰开始工作时，我们对规模毫无概念。之后，我学会了怎样不花一分钱就做出一些东西来，怎样赢在起跑线上，怎样将很酷的东西凑在一起做出更酷的东西。我明白了怎么做可以省钱。我已经尝试过同各种规模的公司合作，从小规模到利基规模再到大规模，甚至是跨国公司。我知道怎么制造手机，怎么让手机变得小巧玲珑，我也知道如何使出浑身解数突破重重难关。本书将对这些情况下如何工作提出建议。相比其他媒介渠道来说，我更看好手机。为什么？因为手机无处不在。每个人都对自己的手机爱不释手，而且每个人至少有一部手机。移动设备对所有人来说都有种奇妙的吸引力。如今，我们把它们变成了一种图腾，加以装饰，套上各种外套，就好像它们是洋娃娃或者小狗。我们让移动设备更具个性，而对笔记本或电视来说，这绝不可能。手机就是酷！

更重要的是，只要你知道从何处入手，手机操作可以十分简单。这些年来，我同许多客户合作过，他们建立新网站动辄需要几十万美元甚至几百万美元。而今天，你可以仅花 20 美元就做出一个 Wordpress（个人博客系统）博客，这个博客配备内置的内容管理工具以及大量的模板，让你以更低的门槛（就所需的编程而言）达到更高级的控制效果。最棒的是，这样的网页已经可以进行移动端优化。2000 年时，假如我不在惠灵顿，周围没有那些非凡的人以及更为非凡的机遇，那么我所成就的一切都不能实现。今天，美国任何一个稍具规模的城镇都有人可以做手机应用开发。你要做的就是找到他们，并聆听他们的意见。

我们生活在移动互联网时代，不论对于生活、社交还是营销，这都是一个最好的时代。我们能做的事太多了。我们与别人交谈得更多，分享得更多；我们相互学习，在这样的基础上进行创新、分享，然后成就更多的东西。怎么聆听他人意见，怎么加以衡量，怎么调试，怎么公布信息，各种各样的方法与日俱增。每一天，这些技术都变得更快、更简单、更具灵活性。这样的变化在不断发生着。那么，在这些变化中什么东西没有改变呢？那就是人类最基本的想要聚在一起的需求，这种需求人人都有。

每次我一转身，就会发现又出现了一个新的、了不起的、让我大开眼界的手机创意或技术创新。然而，营销人员或者公司机构需要谨记的是，假如你不是从人的实际需要、实际见解角度考虑问题的话，所有这一切都将没有意义。最好的创意总是从人的角度出发——从人的需要、人的欲望、人的梦想出发。

Mobile Magic

第一部分

知彼知己

01

屏幕时代的生活：
挖掘移动营销的金矿

在2010年全球移动通信大会上，谷歌首席执行官埃里克·施密特宣布，谷歌将优先发展移动设备产品，而将其他类型设备产品的发展降为次要。不难看出，其言下之意就是谷歌和其他很多品牌都坚信，对于多数客户来说，移动设备将会成为最主要的通信工具，而其实这在当今世界多数情况下已经成真。

从那时起，“移动端优先”已不只是一个被人们常挂嘴边的口头禅了。对于谷歌以及其他那些优秀的思想先锋公司来说，移动端优先早已成为一种经营哲学、一种商业模式。

这些变化都标志着移动电话是如何从根本上改变了人与人之间的交流方式。十年前或更近一些，关于移动市场营销的对话大概可以概括成：“要是有移动营销就好了。”或者“移动营销是什么？”如果这些对话仍然频繁地发生在你们公司的话，那确实是时候该有所改变了。

手机应是你最接近客户的方式，了解他们的社交生活，闯入他们的个人空间，最后掌控他们的钱包。实际上，那些移动支付软件，例如Square、谷歌钱包、快速崛起的近场通信（NFC），以及其他专为如星巴克或者优步等企业量身打造的移动支付软件，都开始慢慢取代了钱包。当你开始用移动设备推广旗下的产品时，你也同时为客户开启了一条私人化的、24小时在线的实时服务通道。毫无疑问，要与客户建立起如此特殊的关系需要付出。

逆转未来

1910年，退休工程师拉什·马格纳斯·爱立信正摆弄着电话线，试图实现无线通信。他将一部老式的手摇电话安装在他妻子车内，并用一套电线装置将其连接到了城郊的电话线上。如今，他那一套笨重复杂却在当时行之有效的通信创造，被认为是世界上的第一部“移动”电话。早在1940年，无线移动电话这项技术已具雏形，但直至广泛应用整个过程却花了几十年。在这期间，世界社交氛围而非科技氛围发生了重大转变，所以，虽然商业上在20世纪70年代就已经成熟，但普及程度却远远落后。

亚洲在这方面远远落后于瑞典和其他任何一个西方国家，部分原因是因为亚洲国家无法连接欧洲及全球网络。但在20世纪90年代，日本带着他们自己开发的网络技术突然闯进世界的“移动”舞台上。这项被称为i-mode的移动互联网技术，在传输数据的同时也能实现语音通话，也就是说这项技术可以在手机上实现有限的上网、玩游戏并相互发送短信。然而，当时其他移动巨头对这项成就不以为然，直到互发短信迅速在日本年轻一代流行起来时，他们才恍然大悟地发现自己只能费力地勉强跟上客户需求。

在《不断更新：移动电话的世界史》中乔恩·阿加（Jon Agar）写道：“短信技术的力量，如同移动技术的其他方面一样，恰恰是被使用之人而非策划之人所发现的。”

智能手机的崛起

1999年，短信技术在美国才刚刚兴起；而在欧洲，互发短信已成为一种日常行为。渐渐地，不断地有新的运营功能更为齐全的系统代替那些过时的系统。在欧洲和日本，更多的是因为短信技术的问世和那些迅速接受了这项技术的人群，例如玩手机的行家、好奇心强和喜欢社交的人，大力推动了移动电话的技术革新进程。商业化进程也紧随其后。

2002 年，全球移动电话的销售量超过 10 亿。从那时起，移动设备的功能也越发精细了起来：GPS（全球定位系统）、加速计、回转仪、触屏、NFC、蓝牙等功能都逐一问世。我将在第三章讨论如何使用上述这些功能和技术，从而帮助你有效提高目前的移动市场营销效力。而在苹果系列产品推出之前，很多上述功能都未能成功地在客户中进行大面积的推广使用。苹果公司五年前[①]通过 iPhone（苹果公司手机）推出的图形用户界面改变了一切。在一台苹果设备上，那些看上去高端复杂的功能都显得自然直观；其他公司很快也开始跟风。

电脑在美国的普及率使很多消费者认为他们不再需要手机。而苹果智能手机没有选择与电脑竞争，反之，他们选择了制作出囊括电脑所有功能的手机，这些“平板电脑”还显示出了台式电脑时代即将终结的征兆。一夜之间，换电脑与换手机似乎变成了同一件事儿：你只需要换一部智能手机。这一时代的发展步伐急剧加速，尤其是在美国市场，从短信使用的不频繁到图形化操作系统爆炸式流行起来，只花了不到 10 年时间。然而核心观念、潜藏的对网

① 此书英文版于 2014 年出版。——编者注

络的需求和意图从根本上来说仍是一样的。移动电话代表着个人的，甚至是私密的关系。美国、中国和东南亚在用移动设备进行市场营销方面世界领先，他们不断创新的应用和服务总是迅速被消费者接纳采用，也让市场营销者们纷纷追逐。欧洲市场营销者们还面临着另一个额外的挑战，即在多个不同的运营商及语言间传送相关性强、内容丰富的媒体内容，而各地的行为习惯却可能大相径庭。

在非洲，媒体工具很不相同，智能手机迄今仍属少见，而在非洲大陆的多数地方，尤其在东非，移动电话与世界其他角落一样已被普遍使用。在肯尼亚及东非其他地方，从向银行存款到街边小摊采购再到小额担保贷款，其中相当大一部分现金交易是通过手机来完成的。这是因为这些地区的主要运营商以一种在美国并不常见的方式支持这些类型的交易。

在南美，智能手机的普及率相对较低，仅占 10%~20%，但其发展势头却很迅速。移动电话的普及率现已占人口的 105%，预计至 2015 年，其普及率会上升到 130%。中东是世界上手机普及率最高的地区之一，如今它在接纳和采用移动科技方面的速度比美国和西欧都要快。东欧是唯一一个智能手机的普及率和采用率都最低的地区，尽管它的手机持有率与其他国家一样高。例如在俄罗斯，手机普及率是 150%。

移动科技的迅速发展史证明，一项新技术的诞生已不是简单地只取决于科学技术是否允许的层面上了，要使这一技术诞生，社会认可度的重要性，不说更加重要，但起码不会亚于科学技术的重要性。尤其是考虑到消费性科技和各种移动设备，硬件已经不足以支持这些的发展。这些设备需要来自社会的支持才能得以存活和进一步发展。简而言之，操作系统需要具备社会性。没有消费者，产品就没有意义。

移动电话与全球变化和民主化的关联密切，这就授予了消费者做出个人个性化决定的权利。作为营销者，你要认识到，你的消费者既不是公司团体，也不是首席执行官，更不是贵族或社会精英。你的消费者可以是任何人，甚或他们中的很多人就是某一类人。所以作为营销者，你的任务由两部分组成：你发出的信息需要最大化地接触到人群，并且这条信息内容需要让接收方觉得实用、个性化，就仿佛是为自己量身定制。幸运的是，移动设备可以成为从广度和精度上最大幅度接触到消费群体的不二选择，这也是为什么营销者必须要养成以“移动”为主导的思维模式和沟通方式来向世界营销自己的产品。

随着越来越多的设备都已变为无线装置，新网络的出现弥补了需求增长的缺口。使用最为广泛的网络叫4G，全称是第四代移动通信技术。除了频带扩宽以外，4G及其后未来更高级的网络与普通网络的最大区别在于，它们能更快速地连接到网络端而且并不只局限于手机网络。移动电话中的“电话”这一部分，从工程学和消费者认知度的角度来说，其实只是一部多功能设备上的又一功能而已。需要记住的是，新的更多功能的设备和技术以及它们一并带来的相关应用和网络化的服务并不是移动市场营销的一切。其重点不在于你拥有些什么样的工具，而在于你要怎样使用这些工具。新设备不仅意味着新功能，同时也意味着新机会和新的交流方式的出现——而这件设备和它的功能都只是用来致力于提升你自己品牌的消息扩散能力和行为的，它需要推动你与你的客户进行更私密、更有意义和更具实用价值的沟通。

马上要做的 5 件事：

01 再多花些时间去鼓捣和了解你自己的移动电话，将这件事当作任务分配给你的员工甚至是你的孩子，以此来测试那些你不够熟悉和应对自如的功能。如果你还没用 Instagram（图片社交应用程序）、推特或缓存视频，赶快去下载并弄清楚这些事儿。这会让你对手机的使用更得心应手，并能让你对其他使用者所说的那些产品及其功能有更深的认识。

02 下次你看电视、读书或玩游戏时，想一想其中的人物是怎样使用他们的移动设备的，他们对这些设备的应用在情节上产生了怎样的影响。注意观察（切记不要以奇怪的方式），看看周围的人们在日常生活中是如何使用手机的。

03 在你展开任何营销活动前，问一问你的顾客，他们一般用手机做些什么。越来越多的人不仅外出时使用手机，在家时也手机不离手。

04 如果你的团队里没有以下 3 个职位，那就赶快起草一则招聘启事：一名具有移动系统相关经验的技术人员，一名用户体验专职人员，一名有移动数据和社交数据及其分析相关经验的数据专家。以上几个职位在你扩展移动（或平板）营销规模时至关重要。当你收到第一批求职信时，一切就都开始变得容易些了。如果你暂时没有多余的资金来雇用职员，那么你就得尽可能地自学以满足商业需要。如果你需要些有用的见解，就去跟你的孩子聊聊吧，他们对这类玩意儿的渊博知识会吓你一跳。

05 问问你自己：哪些特色和功能是你自己的企业最能用得上的？哪些是你的客户会觉得最吸引人的？

2013 年，全球约有 10 亿部智能手机投入使用。

数据来自高德纳咨询公司（Gartner）。

10亿

02

移动端优先

先在计算机上快速浏览一下你最喜爱的网站，然后同时在移动设备上进行浏览，你会发现，大多数网站都提供移动端优化版，这种版本可以让访问者更加方便地通过更小的屏幕和更简单的操作来进行信息交互。

如果你不能区别移动端和PC（个人电脑）端网站，可以看看网址：如果在URL（统一资源定位符）链接中，有“.m.”或者“.t.”——分别代表“mobile”（手机）和“tablet”（平板电脑）——那么你就是在浏览一个移动端优化版网站了。即使格式不再成问题，网页开发人员同样会逐渐摒弃一些在网页上运行良好而在移动端运行欠佳的工具。以Flash（交互式矢量图和网络动画标准）播放器为例，2008年，史蒂夫·乔布斯宣布，iOS（苹果公司开发的移动操作系统）移动浏览器将不再支持曾经盛极一时的多媒体软件Flash播放器。

几年之后，安卓也效仿了这一做法。现在大多数的网页和移动端设计者都倾向于使用其他的编程方式，比如用HTML5[①]等实现富交互、视频还有其他的多媒体功能。主要原因就是他们认识到了一点，即自己的工作成果需要在电脑和移动设备上都具有可消费性和便携性。

为什么？在何时？怎么做？

移动端优先并不是说要把其他一切都弃之不用。本书的重点在于帮助客户以及营销人员将移动思维整合到现有的市场营销活动中，充分利用移动平台并结合其他的媒体形式和渠道。问问你自己："哪些正在发生的故事或者经历会让人们想要实时跟进，同时又和自己的品牌有联系？"当我们一步一步前进，迈入一个真正的移动端优先的世界后，答案就会清晰可见："不管我们为客户创作出何种品牌故事和市场营销活动，这些东西首先都必须和他们的移动设备相连接。"

① 万维网的核心语言、标准通用标记语言下的一个应用超文本标记语言（HTML）的第五次重大修改。——编者注

如同你不想放弃其他的媒体渠道一样，你也不能简单地把移动媒体扔进现有的这个由网页、书报、广播和电视所组成的世界中就算完事儿了。反之，要把移动营销加入你的各项营销活动中，而这就需要规划、维护、与时俱进的战略以及时间与金钱的投入。记住：你是真真正正地同消费者建立了一个私人的、长期的沟通渠道，这个渠道也确确实实更贴近他们的内心。这种联系需要进行管理，而这就意味着这种联系首先必须是可管理的，同时你需要相应的战略、合作伙伴以及员工来实现这种管理。

应用程序（APP）与移动网络

移动网络与APP有很大不同。前者对营销活动来说十分关键；而后者，也许出乎你的意料，经常是可有可无的。事实上，即使APP看起来是个炙手可热的终极产品（市场营销主管对其青睐有加），但我们还是要花一定的时间劝阻客户不要直接扑向APP。相反，我们要帮助客户审视他们的市场战略目标、预算，以及他们想给自己的客户创造一种怎样的跨媒体融合体验——移动端一直到PC端的各种产品上。很多市场营销人员误以为有一个APP就等于有了成功的移动市场营销；而制作出一款有用的APP，让其可以在移动设备上运行良好且功能完备，并不像听起来那么简单（有时也不一定有必要这样做），尤其是当你没有移动行业从业背景时，就更是如此。我们将会在后续章节中详细讨论APP。而现在，相信我：我们首先要做的，就是让移动端的内容推送方式灵活便捷。

你的实时饮水机

大家对这样的场景都很熟悉：同事之间在饮水机旁聊着八卦，谈论最新的电视剧，或者炫耀自己新买的东西。

面对类似的社交场景，你需要做出决定：自己是要加入对话，还是创建自己的话题？我有13年的移动市场从业经验，当我在做一些关于移动市场中“最好的做法”“行业动态”以及“未来革新”方面的诠释和介绍时，我总是以一个清单做结尾——“移动创意的5件必做之事”，以此帮你创造出一种有效、新颖的移动营销活动。

更多关于加入对话还是发起话题的内容，详见第5章。

1. 倾听受众的声音，利用聆听、对话，或者两者结合的方式，去找寻、倾听和提取消费者的观点。

2. 所有想法都要切实以移动性为原则。
3. 在设计营销活动时，全部采取移动优先战略。
4. 让自己所要传达的信息变得私人化、便携，并且极有说服力。
5. 最重要的是，“简”字至上。

马上要做的 5 件事：

01 跟你的网页制作团队沟通。让他们向你说明现在所建网站用的是什么编辑格式，Java、Flash、HTML5 还是其他富编辑语言。了解一下他们现在或者将来要采取什么样的移动网页优化策略。如果要让你的网页成为前沿设计，他们需要些什么支持。你至少得有一个响应式设计，这样可以让你的网站与所有移动设备都能无缝对接。

02 亲自进行对比采购。下载几个流行的购物APP或者资讯类APP，例如weather.com、Amazon、Gilt、Fandango和eBay等，浏览一下它们的手机优化版网站。这些APP完善的设计能为你提供一些可借鉴之处。注意不同的APP的导航功能和用户体验有何区别，因为有时候这种区别很微妙。

03 搜索想买的东西并买下来。尽量围绕自己的产品来购买或者收集信息，包括竞争对手的信息。想一想自己在做什么，竞争对手又在做什么。将自己非常喜欢并且对自己和客户有用的东西收集起来，交给团队成员供他们参考。

04 对移动市场开展竞争形势调研，调研要围绕你所处的领域与竞争对手，并且要确保调研的结果是最新的，特别是要掌握新产品、新功能及新的操作系统发布的相关信息。

05 买几个手机。要保证拥有最炙手可热的几款移动设备，以供不同部门的工作人员进行学习和研究。也就是说，要把购买硬件设备、APP以及其他产品的支出纳入预算，以便工作人员在此基础上进行开发。切记，不要因为某款手机你没有或者其操作系统你没用过，就对它掉以轻心，一旦它们流行起来，总会有用户使用。

03

重新认识手机

之前我们已经说过，现在重申一遍：首席营销官和营销者们要清楚，想进行一次成功的移动营销活动，你并不需要成为一个“技术宅”。当然这也不是说你可以成为一个“勒德派”[①]。不会编码？没问题。可要是连短信也不会发，这可就成问题了。

在这一章里，我们将探讨如今的移动电话支持哪些功能。你会发现，除了浏览网页，使用几个应用和导航功能外，手机的功能其实远远不止这些。

这些特色功能都将是打造属于你自己的移动市场形象的铺路石。每个功能都可自成一个强有力的品牌故事叙述和互动工具。而合在一起，它们又能提供无限的创意。即

① 英国工业革命前，一些纺织工人因担心新发明的电动纺织机抢走他们的饭碗，于是爆发了破坏机器的运动，这些工人被称作勒德派（Luddite），现在引申为反对机械化、自动化等新兴技术的人。——编者注

使是那些非智能手机，没有所有功能，至少也有智能手机的一部分功能，也能进一步延伸你所能触及的范围。

本着以简单易懂为原则的理念，我们现在向您呈现：你的手机、手机功能，以及你能用它做什么。

照相机

几年前，要是手机上有个相机功能那是件挺新奇的事儿。那时，移动电话、拍照手机和可视电话是三个不同的东西，而现在它们合为一体被再次统称为“手机”。现在我们几乎可以默认，所有手机都自带拍照及摄像的功能。然而，手机自带的相机功能除了拍几张照片外能做的其实还有很多。

图片和视频：如果手机自带相机功能，那它也自然会有相片和视频的存储功能和查看功能，也就是说，它多半也具有接收来自外源的图片和视频的功能。这些图片和视频可以通过短信（全称为“多媒体短信服务”，或简称为“MMS”）、邮件或者其他无线传输方式，比如蓝牙来传输。有相机功能的手机会随着接收文件的大小和画质的不同而呈现出不同的分辨率、高宽比和色彩深度。Instagram软件已是相片和视频功能运用的祖师爷了。

流直播：现在市面上有几款应用程序是能让你通过手机设备上的摄像头对视频内容进行流直播的。又或者，你也可以从数码摄像机或者其他非手机的设备上通过实时流传输视频到你自己的手机上。现在也有几款应用是可以让其他用户通过自己的移动设备选择加入到你的直播频道里的。用流直播观看专业的体育报道可看作是此功能的优势展示。

识别功能（面部、物体、手势）：内置的软件和应用使摄像头能辨识出人物、面部甚至是手势。将任何一种识别功能加入你的市场营销活动中都有可能很棘手，不仅编码、整个创造过程有难度，要使它能真正派上用场而不是单单看上去很“酷”也很难。

内容激活：只要是用到摄像头的应用软件和编程，一般都能识别并处理二维码（QR）。二维码是可连接到某特定网址的图案，通过它能解锁该网站的更多信息。二维码在缩小你的实体广告宣传活动和网络宣传之间的差距时，尤其实用。因为用户只要简单地通过手机摄像头扫描二维码，就能查询到更多网上信息，而不需要逐字地键入网址。除此之外，现在市面上的一些手机都自带二维码识别软件，这样一来你将二维码加入你的宣传活动中就更为顺利了。二维码一般还可用于电子支付，例如Square（移动支付公司）、谷歌钱包和星巴克，都在使用二维码扫描支付。由于现在的摄像头功能在捕捉数据方面大有提升，并且手机处理器也日渐强大，更多其他种类的识别方式，例如面部识别以及多个对象识别等未来都将普及。

增强现实技术：简称AR，可通过你的手机摄像头进行激活，AR结合图像识别，通过你的相机影像、流直播、数码叠加来增强一些真实素材的现实感。最好的AR技术会将电子图像与真实影像无缝连接，用户会对这种体验难以置信：分不清虚拟世界止于何处，而现实世界又始于何处。

回想一下，当你在电视机前观看足球比赛的时候，后期会标注出球员的进球战略路线等。如果你是在现场观看的话，除了草地、球场边界线和球员外就看不到什么了；但如果看电视上经过处理并进行数据叠加后的画面，你就能看到那些后期加上的、帮助你看明白球员跑位和他们的战略部署的标注线。这种增强现实技术在手机屏幕上也能实现。

一些大公司已经开始在市场宣传内容中加入增强现实技术，并且效果很好。例如，星巴克在情人节推出的魔法杯应用。在第17.1章中，我们将深度剖析我们曾为幸运符早餐麦片运用增强现实技术和互动式电影做的宣传活动。

在第17.1章中，我们将对2013年幸运符早餐麦片《幸运符大追踪》宣传方案进行深度案例分析。此宣传方案主要以移动技术为主导，并运用了增强现实技术。

麦克风

还记得电影《星际迷航》上那些人是怎样光靠语音指令与母舰上的电脑互动的吗？通过手机上的麦克风来处理声音和指令数据，客户可以由此与你互动并创造市场宣传内容。麦克风除了作为视频的必备元素以外，它也能被用于其他特色功能，比如语音识别、关键词搜索、文本转语音或者语音转文本等。麦克风能用于录音和储存语音文本，并且这些语音文本也可转存或者提交至比赛或画廊。比如，说你要举办一场比赛，需要人们将自己演唱的你们公司的广告歌片段发送给你。通过手机，他们就会立刻创建并给你发送过来音频或视频文件。

加速计与陀螺仪

有意思的是，移动电话的主要特点就是依靠数字化来模拟物理空间，但同时我们又需要在一台实体机上进行互动。比如说你有一个APP，要模拟一个处于平面上的球。当你将手机平行抬起的时候，这个球并不会移动；但如果你将手机稍向左倾，球就会慢慢向左滚动，并逐渐加速；如果你将电话向左翻转 90 度，球会骤然滚向左边。协调设备发出的真实指令和模拟球的虚拟走向之间关系的就是加速计。

陀螺仪传感器负责及时传感手机的指令。这就是为什么你将手机翻转了 90 度时，它会知道你将屏幕由竖屏转向横屏模式。陀螺仪传感器也能识别出你何时在旋转、摇动或挥动你的手机。所有智能手机，以及现在市面上大多数的普通手机都有这样一个传感器。这样一来，你就可以实现例如点击、打字或者拨打电话等一系列动作。这也是客户和你的产品进行互动的方法之一。

近距离传输

网络运营商和 Wi-Fi（无线网络）不是手机仅有的可以接收无线信息的途径。蓝牙以及其他近频网络都可在有限的距离内操作，距离范围不超过 100 英尺（约 30.48 米）。这是给你的潜在客户发送你所在位置信息的好方法，尤其当你要发送的是海报或其他广告的时候。

蓝牙：蓝牙是近距离传输数据的一种方式。如今，蓝牙接收器已是大多数手机的标准配置之一，不过一些用户会选择将它关闭以节省电量。

近场通信：近场通信是进行极度近距离数据传输的一种方式，在最近推出的一些智能手机上开始普及起来。这种只需要轻轻一点就能完成多个视频、图片或者其他媒体格式文件的传输功能，在使用了Android Beam功能（可以给其他手机分享你正在使用的功能）的三星市场宣传战略中被浓墨渲染了一番。三星与一些音乐人做了交叉式推广，他们邀请三星手机使用者聚到电子海报或者广播点附近，然后用Android Beam功能将音乐直接发送到了手机上。

处理能力

移动电话基本上就是些能装进口袋的袖珍电脑，就体积来说，它们的处理能力可谓是相当惊人了。它们支持多任务同时运行的能力正是它们能支持和运行APP的关键。作为一个移动营销者，请记住：你的媒介也许不是一个游戏机，可是在你的指尖上却电力十足。充分利用这个优势吧！

流媒体：假设你想看一个还没保存到你电脑上的视频，你大可以通过互联网从服务器上边播放边下载。流媒体在搜索和观看文件时可以大大节省时间，这一点让它成为获取视频的最佳方式。这些视频可以不同的画面清晰度播放，以便加快缓存速度。只要你曾用过YouTube（视频网站），你就接触过流媒体这种形式。

你当然可以把文件先下载到电脑上，但你更有可能会选择使用流媒体将文件缓存下来。流媒体很实用，主要因为它让用户在内容还未完全下载到自己设备上时就可以开始观看或聆听。换句话说就是，你可以在一部电影的结局还未完成缓冲时就开始观看电影的开头了。不过流媒体需要一个强大而稳定的网络信号，否则缓存就会被中断。如果你想要客户观看一个视频或者其他形式的媒体文件，那么最可能的方式就是让他们到你的服务器上用流媒体进行缓存。

渲染：渲染指的是将数码模型变为图片这一过程。电脑生成的视频其实是预渲染的效果，将数据变为图像这一步已经有另外一台机器代为完成了，而我们看到的类似于《玩具总动员》这样的电影就是最终的成果了。但对于电子游戏来说，它必须采用即时渲染的方式，因为模型的动作受玩家的控制而并非提前预设好的。所以制作电子游戏或者其他手机上的数字体验的最大挑战就在于此，你得在画质和设备本身的运行性能间找到平衡。

移动性

一部移动电话的最大特色莫过于它的可移动性。它与我们时刻相伴，就在我们目光所及之处，而且还有可能产生互动。请记住，你的客户的手机不但能激活所有本章提到的功能或者程序，它们也能激活任意这些功能、程序的组合。可见你的指尖已蕴藏了惊人的市场爆发力。总而言之，要将你的客户放在你用这些功能所创设的每一个互动活动的中心，并将这些活动尽可能简单化，尽可能提供一次很棒的体验并促进客户与你的品牌和产品间的互动。

悉尼的语音革命

这是一个可效仿的移动营销活动，它将手机上的照相机、麦克风和通话功能巧妙地与手机携带者步行的路程结合在了一起。这场活动将那些来自澳大利亚不同地区人的不同故事生动地呈献给了观众，这些故事的主人公受尽了来自社会的欺凌和无视。这次活动最主要的目的是凸显这些弱势群体的故事，通过联合国的这次活动唤醒澳大利亚本地以及世界各地的公众对他们的关注。而这场活动所需的道具就是一个能照相、能发送多媒体信息和接电话的手机。

移动性：我们将要宣传的主题的海报图片贴在各大客流量大的公交车站，之后又放到了画廊里。这样一来就可以确保有很多人可以看到，而很多人其实就意味着很多部移动电话。

照相机：这些户外背照式海报鼓励路人拍下海报上说话人的嘴，并将图发送到海报上的指定号码。然后我们这一端的图片识别软件就能处理图片，并识别出照片上的说话者是谁，稍后系统就会自动打电话给信息发送人，并放出海报上的人事先录好的一段语音信息。站在一个陌生人的海报前，听着他从手机中传出的声音实在是一次令人印象深刻、极度震撼的体验。

马上要做的 5 件事：

01 上 YouTube，输入你的手机型号和操作系统，看几个关于你的手机的操作教程，了解一下你的手机与其他手机相比优势在哪里。

02 收集一些别人对你的手机的意见。问一问那些与你使用同款手机的人为什么钟爱这款手机？而同时他们又希望更改哪些部分？哪些功能是你想要发掘利用且能完美迎合客户需求的？

03 你的同伴有哪些？你的竞争对手又是哪些？他们在移动市场这一块儿有什么行动？在苹果应用商店、谷歌市场或者整个因特网里搜索一下，进行了解。

04 现在就去下载一个最好的应用了增强现实技术的软件，或者最好的二维码扫描软件，比如RedLaser（一款支持条码扫描的在线查询工具），去发掘它们的用途直到熟练为止。

05 把类似于Pulse、Resultly、Google Currents和Flipboard等新闻集合类的软件都下载到你的设备上，并订阅定期推送新闻的Digital Buzz Blog、All Things Mobile、Google's GoMo、MMA和Mashable Mobile平台服务，此外也可以定期查看FWA（互动多媒体网站收录平台）上的每日最佳移动网站推荐，由此关注到那些科技界最酷、最新的举动，并找出其中哪些可以用到你的移动市场营销活动和服务中。

目前，美国无线服务的渗透率达到了 101%。

数据来自美国纺织品协议执行委员会（CITA）。

101%

Mobile Magic

第二部分

把握关键

04

移动营销成功的 4 个关键因素

手机营销成功的4个关键因素是什么？给你一个提示：可以从MIST这四个字母中找到。

MIST分别代表4个单词：移动性（Mobile）、亲密度（Intimate）、社交性（Social）和交易性（Transactional）。

消费者认为自己的手机就应该具备以上这些特性，因此营销活动要以此为中心。本书的其他章节也是围绕这四点展开讨论的。了解工作环境的微妙关系很关键，因为毕竟实现某种功能也只是达到最终目的的一种手段。但这并不是你激发灵感的套路，这只是一系列指导性工具，帮助你和你的团队把所要传达的信息传到世界各地。只要心中想着移动性、亲密度、社交性和交易性这四点，就可以让你有一个好的开始，去创造和开展一次漂亮的营销活动。

移动性

可能听起来像废话——移动营销肯定要有移动性，不是吗？但是你的营销必须要真正符合移动市场的要求，而不是仅仅在移动设备上进行。现在很多移动端提供的产品和服务，存在的意义似乎仅仅是在叫嚣“我们有这个技术”。

当然，这不是说有些东西就注定不能出现在手机上。所有的东西都可以也都应该适用于手机——问题是在多大程度上适用，还有采取什么方式。如果有人想要、需要或者正在使用你的产品，他们就需要并期望在自己的手机上与这个产品进行互动，这一点我们可以从家庭中手机的高使用率中窥见一斑。那么基于移动性这一关键因素，对你来说挑战就在于如何让你的产品给人感觉是手机自带的。这可能意味着你需要制作一款APP甚或是一个移动网站。

如果花费时间、精力和金钱为自己的品牌或者产品打造并推广一个移动端服务或频道，那么一定要保证你这样做的原因完全依据移动端的特点。人们使用移动设备，因为移动设备可以节省时间或者打发时间。想好自己要实现什么功能，然后在这个上面做文章，否则，客户凭什么去下载你的APP或者在自己的移动设备上同你进行互动？对于零售商来说，这可以是一个简单的店铺搜索工具，也可以是一个为喜欢的商品点赞的功能；或者这个功能可以收藏已购买的产品，又或者可以创建一个方便客户浏览订购畅销商品的“快捷”清单。人们倾向于使用一个APP去处理越来越多的事情，因此越来越常见的就是，通过与APP应用及其所提供的服务进行合作创造品牌体验。例如，亚马逊APP可以在一套相关手机工具内实现多种功能：产品对比、购买、调查——想一想，在人们进行互动或者交易的过程中，除了人们现在已经在做的这些，你还能做些什么？如何在这个过程中增加附加值？

我们要从一个前提起步，那就是：人不是静止的，也就是说移动的是客户，而不是客户携带的设备。客户外出的时候，需要从你那里得到什么？

亲密度

指数、调查、数据库、配置文件，具有讽刺意味的是，正是这些21世纪看起来并不人性化的工具，可以最大程度让营销活动变得人性化。客户在不断地创造数据，其中一些只是数字化时代的一种现实反映——浏览历史、信用卡卡号、采购订单、社交媒体资料；而有些则更具目的性：点赞、关注、调查、博客、评论，还有其他形式的网上社交对话。

这些各式各样的海量数据，可以让市场营销人员把自己的产品做得比以往任何时候都更加个性化、更具针对性。精密复杂的社交信息收集工具，再加上统计学家和战略分析师们的分析，让我们可以从杂乱无章的社交数据中得出真正有意义的数据。针对性极强的广告渠道可以让你的内容直接发送到最有可能购买产品的客户手中。客户不仅愿意分享自己的需求和愿望，他们也渴望着可以这样做。“大数据”听起来是个很吓人的术语，它是指我们在网上以及各种设备上进行信息交互时所收集到的大量信息。而实际上，大数据可以创造一个个亲密瞬间，让我们可以在个人层面上建立具有高度针对性的客户关系。

市场营销人员所要做的就是把收集到的数据整合在一

起，创造出位于数字交互核心的下一代品牌故事和个性化体验。这包括收集和分析各种数据，从你点击的各种广告条，到访问的具体位置和时间段，再到对你的内容所发表的评论，以及所有提及此内容的信息。在手机上，这些看似不起眼的东西实际上意义重大。

社交性

正如第 1 章里所讲，移动设备的历史表明，社交交互同手机功能结合非常紧密，已经成了手机运行系统的一部分。移动设备不仅和社交关系密切，也和热爱手机的人们紧密相连。

这是什么意思呢？最主要的意思就是，社交性意味着两个或两个以上的人进行互动。你不可能逼着人们去互动，只能是在一旁鼓励并提供支持。让人们能更简单地利用自己的朋友圈或者社交圈，对你的内容以及他们的感受进行转发、标记、转帖、点赞或者分享（甚至改造）。很多APP和网页服务出色地突出了用户体验中的社交性能。对于用户来说，内容分享的程序越简单越好。这包括一键链接到电子邮箱、Twitter（推特）、Facebook（脸谱网）、谷歌、Tumblr（轻博客网站），还包括及时了解人们如何分享、在哪里分享内容，并在自己的产品中加入这些功能。社交媒体平台很多，但有的放矢总比漫无目的要好，因此你要为你的受众搭建一个平台。一般来说，通过免费或者价格便宜的软件及服务进行社交信息收集，就能帮你了解到用户在何地、以何种方式进行内容分享，并让你可以找到恰当的时间、地点进行对接。有很多社交媒体平台，找几个进行合作，看看哪种适合你的品牌——快速的测试成本低，但得到的反馈却非常有用。准确地找到你自己在什么地方社交比较活跃，这会有助于你更好地定位自己的品牌该加入什么平台，以及以什么方式参与进去。品牌越是能融入各种论坛和各种渠道，并找到受众都喜欢的话题，就越具个性化，而且商业意味也就会越少。

评论和发消息也是社交的一个重要组成部分。消费者期待着在几乎每一个登录的网页上都有评论区。所以在分享内容时，一定要给他们一个发表个人看法的渠道。从本质上讲，你是在为每一位潜在新客户众包（企业利用互联网将工作或需求外包出去的商业模式）制作高度个性化的欢迎辞。

此外，社交性最重要的就是要简单化。成为客户交流最方便的平台，让客户同你的沟通变得简单易行，这样一来，他们能够比较容易谈起你，他们也肯定会这么做。

交易性

你是否已经有一个简单清晰的方式，可以将手机营销和产品联系起来？从“我想买”到完成交易之间的步骤越多，你的成本越高，回报也就越低。交易必须是营销活动不可分割的一部分。仔细想想你的目标，以及你到底想要进行什么形式的交易？比如，这笔交易是不是其他人花在你品牌上的时间？是以注册为目的还是点击购买为目的？不论你做什么，都要正大光明，不要去欺骗别人。要诚实、透明，并且平易近人。你的交易战略之所以重要，是因为它不仅关系到你如何运作企业，还关系到你如何评估自己的营销工作，如何在以往的工作上为未来打下基础。交易性同样要与社交性联系。你想要通过移动设备同客户沟通，你也希望得到客户的反馈。因此，你的社交媒体必须要具

便携性、个性化、有效性

有交易性，要能能够进行双向沟通。只有一方在说话就不能算是对话，而今天所有的营销都必须是双方进行的对话。

三P原则

移动性、亲密度、社交性和交易性，这些概念是不是都记住了？很好，下面还有其他需要记住的东西！

我们谈论移动营销成功的4个关键因素——MIST时，有三个词可以帮助大家理解：便携性（Portable）、个性化（Personal）、有效性（Potent）。它们像是瞄准镜，帮你找到哪些信息重要、哪些不重要。

便携性

便携性听起来很简单：“我的客户是否需要携带某种东西才能参与我们的移动营销活动？为什么消费者需要或者想要参与我们的活动？他们又为何要拿着可以参与活动的设备？”便携性不仅是指设备，数据也需要具有便携性。因为数据量可能非常庞大，如果要参与你的营销活动，需要客户通过Wi–Fi或者蓝牙下载7G的文件，那么这就不是便携的——这对客户来说反而成了一种折磨。便携性意味着让设备和品牌信息间的连接方便实用。这可能需要在家庭实现一种功能，在百货商店实现一种功能，而在商场实现另外一种功能；也可能意味着分享从客户的智能手机、电视、电脑（例如 Netflix 和 HBO GO——二者都是网络视频服务商）上得到的数据。一个考虑到便携性因素的市场营销策略不一定需要实现很多功能。是的，便携指的是尺寸大小，但同时也反映出品牌是否以一种便携的模式呈现出来。我们本身就是数据采集者，品牌的方便性是我们自己的喜好、愿望与欲望的一种体现；这也同样适用我们要谈的下一点——这正是个人用户所需要的，可以在任何时间、任何地点、在所有的设备上使用，并且可以在各种设备之间简单方便地转移。

个性化

个性化是指在多大程度上你可以让自己的产品变成为客户量身打造的产品。这不仅要对客户进行分析，提出一些个性化的建议，同时也要同客户分享你的产品，让客户帮忙进行完善。个性化的目的就是要做出让客户喜爱的产品。

更多关于“至爱品牌”（盛世长城公司关于创立大众热爱品牌的方法）的信息，见第 12 章。

有效性

有效性是说一件东西到底有多好，为什么有人想要把它分享给自己的朋友和家人。一个创意越是有效，就越容易让人接受。有效的创意能轻易说服客户，而创意的核心是对人性的把握，让我们想要把这些东西带入到生活中，并同他人分享。在整个移动市场战略的发展过程中，都必须要牢记这一点。

以下问题可作为移动营销团队的参考标准：是否具有移动性？是否具有亲密度？是否具有社交性？是否具有交易性？你的营销活动是否便携、个性化并且有效地实现了以上特性？

你的营销活动在移动性方面是否满足三P原则？

是否有个性？在客户通过手机访问你所提供的内容时，是否有安全风险？

是否便携？客户需要使用什么设备访问你的内容？

是否有效？你的APP应用程序或者移动网页是否在不同的移动设备间可以方便地进行分享？

你的营销活动在亲密度方面是否满足三P原则？

是否有个性？是否为受众量身定制内容？用户反馈后，或者保存、分享后，是否允许他们做进一步个性化处理？

是否便携？用户是否可在任何地点都能访问并同你的内容实现交互？

是否有效？你所提供的个性化功能是不是很容易访问，并且不会掩盖主体内容？

你的营销活动在社交性方面是否满足三P原则？

是否有个性？人们是否可连接到现有账户？人们是否可以通过产品结交朋友、生成文档、创建需求清单？能否根据用户需求为用户量身定制？

是否便携？是否可以通过一次点击或者滑动就快速地连接一些社交元素？社交性在所有内容中是否处于最前端，而不是被淹没在其他内容中？

是否有效？是否精确？你所提供的内容是否值得用户去分享？

你的营销活动在交易性方面是否满足三P原则？

是否有个性？你的APP或者移动网站是否可以记录用户的账单信息？通过这些信息，能否进一步推荐用户可能会感兴趣的商品或者提供相应信息?

是否便携?信息是否可以在所有用户的触点(例如网页、手机、平板电脑、电视)之间传递?交易本身是否可以在任意智能设备上方便地进行?

是否有效?客户是否需要点击多个页面完成交易,还是另有一个快捷键?

马上要做的 5 件事:

01 深入研究受众的媒体消费习惯,了解他们使用的各种渠道、APP 和网站。思考你自己的移动战略构思如何在其中生存,并成为其中的一部分。

02 通过社交信息收集、报告、调查进行调研,在合理范围内收集数据,尽可能弄清楚受众如何并且为什么要使用手机,他们同手机的关系是怎样的,特别是围绕着社交性和交易性两个方面。

03 在构思并将想法变成现实的时候,开发的各个阶段,包括人们进行社交或者以一定方式购买等,都要考虑用户的手机使用体验。你要制订计划,并且描绘出你想通过怎样的方式,让受众接受你所提供的内容和品牌。更多关于界面设计和用户体验的内容见第 10 章。

04 对自己的工作进行反省：这是不是一个真正的符合移动市场的构思？这种构思是否是为移动设备而生？

05 从现在开始一个月后再读这一章，然后过一个月再读一遍。在审视自己的市场营销活动时，心中自始至终都要牢记MIST（移动性、亲密度、社交性和交易性）以及三P原则（便携性、个性化、有效性）。

05

最佳状态：搜索和社交

你与客户一同打造移动营销方案的重要起点之一，就在搜索和社交的交集点上。而打入这块交集区的前提是：搜索方面，当你的顾客有意查询相关信息时，你的目的是变为他们想要搜索的品牌、产品和服务；社交方面，要成为那个大家都挂在嘴上的品牌、产品和服务。

搜索和社交需要相互依存，互相促进，并驾齐驱，不断完善。智能手机的特点就是随时在移动，并且随时都在被你的受众使用着。所有与你的品牌相关和为品牌而创造的内容都需要具有能引起注意、确立品牌身份和性质，并且能与你的目标客户建立兴趣点的特质。一个精心打造的社交形象，要能让人趋之若骛，同时也要便于评估和查找。这将是你的移动营销活动执行过程中关键的组成部分。

搜索

让你的产品成为客户搜索目标

如今，广告已经不再扮演诱导客户的角色了，现在的消费者们都已开始先行一步。他们都希望自己在比较了众多商家后，做出明智的选择。消费者们此时此刻就正在挑选与你的公司所生产的产品一样的商品。所以，要想得到新客户，你就得在对的时间、场景和适当条件下让自己的产品准确地出现在他们刚开始搜索的那一刻。你的目的是要让消费者主动凭着你的品牌名字找上你，并且保证他们都成为回头客。但要达成以上目标，首先你得容易被客户找到。因此，优化搜索设置应该成为你的整体移动营销策略的一部分。而目前为止，在移动端上搜索APP上内容的效率并不高，因为它们都属于封闭系统，所以尤其在你需要使用APP时，就要确保这种通过移动端了解品牌和经营项目的途径足够简单明确。

但便于搜索并不意味着就一定能被找到。必须先得让人知晓你的存在，再帮助他们来找到你。想一想你现在所处的生态环境，还有客户和潜在客户所处的生态环境。你的品牌信息需要根据你现有客户和目标客户所处的时间、场景，以及你期望他们会出现的场景去衡量和更改。你可以通过购买关键词、提升广告内容或购买点击量来实现，但同时你也要注意以下几点：

首先，在策划你的移动营销战略时，思路可以与传统销售策略相同：将你的品牌尽量多地放置于相关内容和关联情景中，要慢慢消除存在于你的品牌、产品和基于这些所创造的文字广告间的隔阂。不要害怕建立非常规的合作伙伴关系。

其次，不要只是与你的合作伙伴分享广告空间，还要共享彼此的广告内容。比如，如果你生产的是奶油干酪，那么就向那些卖草莓或饼干的商家寻求合作，在你们的移动端和网页广告上推出彼此产品结合而成的新食谱。赞助并支持其他相关品牌客户，你旗下品牌的客户和权益会对提升其他品牌也有助推作用，所以尽量去争取这些有利的协同效应，为了你的客户使这些跨业合作变得有意义。

最后，提供与你的产品信息相辅相成的新产品及独家赠品，但要有适当的策略，千万不要沦为那些白给赠品的商家。这样的情况每天都在生活中上演，所以要记住你的商品和服务都是有价值的，你要将这些免费增值商品给到那些具有影响力的超级粉丝手中。这会使他们在身边的团体中帮你树立品牌影响力。

移动营销和社交推广也属于推拉策略。移动数据库可以与电子邮件相匹敌：人们保留同一个电话号码的时间是保留同一个邮箱地址时间的68倍，所以给顾客一个理由来与你互动。变成社交活跃分子，建立起移动端和社交信息数据库，这样一来，当你需要推送一条产品信息时，你已经有了现成的客户来接收信息。

你在移动端的存在是否真的为人们提供了他们想要的服务？它又是否为你提供了理想的服务？如果你是客户的话，你会选择使用自己现在提供的服务吗？又或者你是不是为一个本不存在的问题向客户提供了一个解决方法？此时你要极其诚实地面对自己。如果你想让人们喜欢上你的产品，你自己首先就得成为它的粉丝。

找准位置

现如今的市场竞争十分激烈，要想始终保持在谷歌、必应或者雅虎搜索的头条，可以说是一件几乎不可能且会花费不菲的事情。已为移动端优化过的网站自然会有更优的搜索结果，并能在屏幕上以恰当的格式显示出正确的内容。你的广告内容本身就该具有移动的特质，要为移动设备及其使用而生。因为其在不同设备使用上的灵活性，谷歌推荐响应式设计。

如果刚开始接触这一块，你可以通过谷歌、推特或者脸谱网上自带的广告投放和促销功能来进行管理和自助购买线上广告。购买后，你会收到记录广告投放结果和效应的数据。这是相对来说比较简单且花费较低的一种方式，可以测试、了解和收集相关信息，同时这样也能起到提升品牌知名度和销售量的作用。

寻找答案

不论是对于你自己、你的品牌还是你的客户，都要让搜索和被搜索这个过程尽量简单——确保你服务的受众面极广；同时一定要优化你的关键词并提升网络曝光率，以便搜索引擎能搜索顺利；除此之外，务必为客户创造多种途径来接触产品；最后也别忘了，你所创建的内容首先是为了移动端而生成的。

难点在于如何让人们在嘈杂的社交对话中发现你的品牌，且围绕品牌的是粉丝和用户的称赞，并且让这些称赞与你自己的网上宣传相辅相成。说到这里，我们就该谈一谈这“最佳状态”的另一根轴了——社交。

社交

参与、介入和发起对话

参与、介入和发起对话这三者之间其实有着天壤之别，尤其当你还是一名移动营销者的时候。这几个动作在你的营销活动中都扮演着不同的角色，有着各自的位置，你必须得知道何种情形下应该使用哪一个。

参与对话：即你礼貌地加入一个或者多个同时进行的对话。对于才开始经营网络社交的人，我们比较推荐这样的对话参与形式，尤其推荐那些流行的社交类APP。因为这就是你加入那些已经成熟、稳定的小群体的讨论入口，这也可能成为你收买一批品牌忠实拥护者的途径。但千万别成为“迪斯科老爸”：也就是说不要用力过猛，极力地出风头，最后却出尽洋相。你应该注意几件事，比如什么时候加入对话合适，怎样才显得真诚，怎样才能帮上忙，怎样变得炫酷，如果说话的方式还很巧妙，那就锦上添花了。

介入对话：你要么是在回应客户或者说潜在客户想要了解更多信息的要求，要么是在回复来自他们的一些常规问题，这些都可以是移动端服务和交易的类型，可以变为应用、网站或者社交媒体的广告活动。这些在顾客有需要时可以即时起效，而当顾客完成交易后会暂时休眠。这种服务类似于银行出的那些APP或者其他低参与性的交易体验。

对于那些在你的APP或其他移动端渠道，比如你在Instagram上发的图片下面的留言，介入对话也不失为回应这些留言的好办法。你也可以在你的品牌被提及或者在不同的社交媒体上被热议的时候做出回应。

发起对话： 这一项可就难做得多，因为它通常涉及的都是属于客户主观想要而并非生活必需的产品，比如娱乐业产品。举个例子，当你的潜在客户并不了解你的产品，或者他们还没发掘出他们对这个产品的兴趣点时，这时候就必须要靠你来发起和推动这些对话了。通过观察、聆听并分析你的客户或你客户身边正在发生的对话和互动形式，可以使这段凭空发起的对话显得自然一些。加入任何对话的最好方式就是去倾听人们谈论的内容，进而找出你的产品和观点可以自然融进去的落脚点。大胆发问，继而尝试参与对话。

话不一定越多越好

选择移动端而非其他媒体渠道的最具说服力的理由之一就是，移动设备很少会被关闭。但这里有个误区，不会被关闭其实并不等于客户总是在线。

回想一下你最近去过的一个派对或者社交聚会，有多大可能那个话最多的人也恰恰就是最有趣的那个？实际情况是，一般来说，真正有趣的那个人话并不多，他只在自己有话可说时才发言。这类人更常做的事其实是倾听别人说的话，消化对话内容，然后才在恰当的时候加入这段对话。他们说出的话通常是经过深思熟虑的，并且能一鸣惊人。他们要么会以原对话为基点往下进行，要么就彻底改变整个对话的方向。不要当一直说个不停的那个人，而要做总是很有趣的那个人。说话和与人交谈是两回事。用移动端做传播工具，你要么就是对某个特定对象做直接宣传，要么就是对某个特定的群体做宣传，哪一方更有可能会回应你呢？问问自己下面几个问题：

首先，哪些因素可以让我的品牌充满吸引力、被热议，并因此让客户产生想了解和去回应的想法？

其次，怎么才能让客户对我要说的内容感兴趣？在这段已经加入的或者发起了的对话中，我的品牌被提及的频率有多高？

最后，通过回应我的品牌所收到的反馈信息，我是否能继续把对话维持下去？

最佳状态

如果发现你正策划的社交活动并没能为你的品牌及产品增加任何吸引力，也没能帮你达到预期的效果，你有可能会更想就这么絮絮叨叨、漫无目的地说下去，但你要抵制这种习惯。你应该好好花时间想想你参与的所有活动和内容战略，并且想想如何在未来几年内提升你的营销策略。在第6章里，我大致解释了一下如何找到适合自己品牌的声音：你的产品形象是积极乐观、简洁有力的，还是极具母爱的？找出几个对你的产品来说恰当的形容词，然后在社交圈里创建你旗下产品的一个或多个角色特点，但记住要有相关性。既然现在你的宣传活动从社交层面上来说已经蓄势待发并逐渐成形了，那么就是时候把注意力转向搜索过程了，那么就让搜索变得尽量简单顺畅。问问你自己："我应该怎么让我的社交内容变得容易搜到，并且真正实现'移动'这一特性？"在你忙着解决这个问题时，我可以给你一个提示：不要去做重复劳动，白费力气！也就是说，如果你暂时给不了顾客想要的产品，那就去了解一下他们所接触和热衷的都是些什么，并仔细记下来。去看看现在是不是有什么你很喜欢同时也适合你的产品推广APP或游戏；关注如何获得授权并创建出一个贴牌版，或者如何在网络内容方面展开合作。

如果你的产品有网络广告文案，并在社交层面上有所涉及，同时还优化了移动端，那么它一定会更易被找到，你很快就会发现越来越多的人都在谈论它。网络口碑能为你带来更多搜索量，这样反过来也推动了你的社交活动，这才是我所谓的“最佳状态”。

要想了解更多关于如何发展和建立品牌形象及角色的内容，请参考第6章。

移动设备的非移动部分

那些你习惯在台式机上使用的服务，例如社交媒体平台和搜索引擎，这些服务在移动端上也正蓬勃发展着。如此一来，你对社交媒体的渠道也就需要混合管理。现在有很多第三方应用都在与这些服务合作，这些第三方应用也同样可能会适用于你的企业。比如，监测和衡量你在Instagram上的使用状况，可以通过Statigram（Instagram的分析工具）来实现；对脸谱网、推特等网上社交服务的管理、数据统计和基本衡量，可以通过Tweetdeck、Hootsuite和Buffer这几个软件来实现；使用谷歌的，可以看看谷歌自己做的分析工具——Alerts、AdWords和Trends，这几个应用都同时有移动版和网页版；而专门面向那些需求更高层、资金更充裕的企业的订阅服务和工具包括Radian6、BrandWatch和Sysomos。

马上要做的5件事：

01 尝试着试用本章推荐的几个免费的分析工具，慢慢开始了解它们的用途。将分析工具的应用并入你的例行工作中。

02 尝试几个社交管理网站及其应用，比如Hootsuite，用一用它们的内部分析操作界面，实践一下这几个应用不同的功能，例如定时发短消息和列表管理。

03 最重要的是要容易被搜到。熟悉你的品牌和产品搜索的优化方式，好好斟酌哪些关键词、关键短语或者特性能恰当地描述出你的品牌和产品，使它们在搜索引擎上被呈现出来并被找到。

04 发掘内容方面的合作伙伴，不仅要关注任何现在与你的客户需求和经营目标一致的内容合作伙伴，对那些日后有可能后来居上的小公司更是不可掉以轻心。

05 加入那些不仅能吸引你的客户，还能点燃你的兴趣和激情的群体。这也是去了解如何发起对话，以及这些群体如何自我管理的绝佳办法。而最妙的是，你也能因此知道人们现在都在谈论什么。

据统计，62%的用户都在做爱时接过电话。

数据来自《纽约邮报》(*New York Post*)。

62%

29%的手机用户都认为手机是“不可或缺的生活必需品”。

29%

06

认识自己也要了解受众

最好的移动营销活动来自这样的品牌和产品——它们将人与人之间的联系以及人们的见解置于其与受众互动的核心位置。所有这一切反过来又回到认识自己的产品以及了解自己的品牌上。

产品和服务带给客户的体验应该直接源于你所塑造的品牌和品牌形象。手机银行类的应用或者相应的服务不像开发一款虚拟现实游戏那样耗费时间，原因之一就是这样的品牌及其同客户在手机上进行的金钱往来，都具有严肃性、专业性和商业性。他们不想让你觉得自己是在用钱玩游戏（当然，除非你所提供的就是直接和用钱玩游戏相关的促销活动），因此他们不会把品牌和纯粹消磨时间的娱乐活动联系在一起。所有银行的产品都把注意力集中在超高的实用性和安全性方面，如果银行在手机应用上能做到上述两点，并且还做得很好，那么对银行来说，移动端就是个不错的选择。

了解自己的品牌形象

由于种种原因，网络可能有一种诱惑，让你变得愚蠢、尖锐甚至成为一个笑话，只因为这就是网络。特别是在网络成为一种媒体的早期，我们认为基于互联网上的信息没那么重要，不那么真实，甚至好像不管网上的信息所要表达的是什么，只要是网上的东西，就认为应该是滑稽可笑的。

各种品牌都很看重其数字化的形式，因为客户也同样看重。这也就是为什么我不断告诉我的团队和客户，我们需要营造独特的用户体验，为设备量身定制内容和独特的操作系统，我们在移动设备上塑造的品牌形象，不能和在其他渠道中塑造的形象有太大差别。

你的品牌到底是什么，想要成为什么，这些都要坦诚相告，之后你所展示的内容要和你的品牌个性和精神保持一致。我们希望所展现的内容是相关的、恰当的，并且是有用的。我们还需聆听消费者的意见、社会上的声音，以及品牌在市场上表现如何、在屏幕上形象如何等其他有关品牌的信息。

例如，一个主营儿童保健用品的品牌，它可能反复地围绕爱、关怀以及父母和子女之间的联系传达信息。这种在不同媒体之间的信息传递是以怎样的形式表现出来的呢？电视可以让它以一种丰富的、故事化的形式表现出来；网络上则能以更加深入、更加吸引人的内容来支持信息传递和产品线。这样的内容可以由自己的网站提供，也可以通过内容方面的合作，在社交渠道上同受众主体对话来实现。品牌在手机上创造出了有用的、高度个性化的内容和联系，一个忙碌的、刚当上爸爸或者妈妈的人并没有太多时间，甚至睡觉的时间都很少，但是或许他们能在忙碌中腾出一只手看看手机。一款伟大的移动工具能帮助父母或者准父母了解自己的孩子，例如起名APP或者提供育婴及儿童保健提示的应用。它能帮助父母同家人分享孩子成长过程中的美妙时刻，或者为同样被熊孩子折腾而早上4点就起床的同病相怜的父母们提供交流平台。某个渠道、声音或者展示让一切得以扩展延伸，这种延伸又通过一个清晰的品牌形象增强并巩固了他们之间的联系。

了解自己的声音

你有没有这样的经历：给某个人发了短信，但是让人不快的是，你得到的回复却是“你是谁”。从个人层面上讲，这样的事很尴尬；而对于一个品牌来说，如果发生这种情况，后果则是毁灭性的。有一种办法可以避免这样的情况发生，那就是让自己的品牌具有美妙且容易辨识的声音。

每一条信息，每一次公告，每一条微博，每一次互动，每一张你所提供的页面，甚至技术性内容，包括推送通知和版本更新，这些都是我们所说的“声音”。如果把你的品牌比作一个名人，那会是谁？你也可以选择一个品牌或者产品作为自己努力的榜样。如果想回答上面的问题，你需要考虑一下自己的品牌声音。

你需要把制定战略的人召集在一起，这些人包括媒体、公关、社交、数字、市场营销等方面的人员，让大家一起讨论你的计划。这些准则不一定需要分别讨论——关键是讨论和实施你所需要的东西。想让你的品牌听起来像乔治·克鲁尼、安德森·库珀，还是乔恩·斯图尔特？更好的声音最好不使用缩写或者俚语，但是如果能成为市场营销界的贾斯汀·比伯也没什么不好的。只要你想明白自己想成为谁、想变成什么，即使想成为一个虚构的人物也行，然后在这个基础上发出自己的声音。市场营销主管常常会开发出一些可见的东西，然后分发给员工（或者贴在办公室的墙上），例如照片、文章范例、宣言或者是品牌脚本，通过一致的、不断更新的模板来为品牌发声。

通过手机建立品牌形象尤其重要。对比一下手机和其他媒体的不同：收到纸质的垃圾邮件确实烦人，但没什么奇怪的；而电子邮箱收到垃圾邮件会更烦人，因为我们和电脑的关系更加紧密；如果在手机上收到垃圾邮件或者垃圾信息，那会尤其让人不安，因为手机是我们所拥有的最私人的设备。人们十分关注自己的手机安全问题。除非明确地知道对方是谁，否则人们都不想让别人通过手机联系自己。因此，要建立和维护自己的品牌形象，把自己的品牌声音变得为人所熟悉，这样用户就更容易在自己的移动设备上接纳你。

了解自己的生态系统

了解自己的产品意味着要了解你的受众什么时候、在什么地方出现。他们在什么地方同你的品牌互动，在什么设备上，通过哪些浏览器、网站，使用了哪些搜索引擎？在生活中，他们什么时候会需要你的产品？找到这些时间和地点，然后从那里着手。

星巴克和移动生态系统

星巴克充分利用手机功能，在音乐、艺术以及地方风情方面，创造出了与众不同且高度可控的客户体验，他们这方面的工作做得非常出色。他们利用APP进行客户奖励计划，同时客户可以通过APP购买产品。他们还发布一些专为促销季准备的APP，比如在某年情人节推出了一款虚拟现实游戏，通过这个游戏客户可以发送个性化的情人节礼物。音乐方面的市场营销包括在星巴克咖啡店播放音乐家们的音乐；在柜台上摆放歌曲下载卡，有了这个卡就可以免费在iTunes（苹果公司的数字媒体播放与管理应用程序）上下载歌曲。所有这些地点都有免费的Wi-Fi，注册以后星巴克会提供更多的信息。

为了能让手机拥有最新的性能、工具和功能，手机开发商通常都会感到压力重重，当然这也是工作乐趣的来源之一。但是作为营销人员，你必须要保证任何进入品牌生态系统的东西，不论是通过数字媒体、新兴渠道与服务，还是客户和品牌进行互动的具体地点，首先要直接让品牌受益。不要因为某种技术或者某个社交媒体平台很酷，就迫不及待地想试试，而是要通过观察和学习竞争对手的做法，减少自己的风险，从而平衡战略性试验。当然，不是说不鼓励你进行新特点、新功能的战略性试验——这样的试验是手机创新的重要组成部分，况且这样的试验还会带来很大的乐趣。而且在其他人的创新和错误的基础上进行创新没什么不可以。总而言之，要把所有这些事情都考虑清楚：在发展阶段过度兴奋可能会导致项目范围蔓延（超出初始项目目标和预算），因此在开始阶段赌注下得不能太大，当你要扩大发展规模的时候一定要慎重考虑。

了解自己的受众

你的客户需要什么？手机用户不止有“千禧一代”。现在越来越难界定手机用户的年龄、种族或者性别，所以收集分析用户数据、考虑消费者的想法无疑是很重要的。这可以通过点对点的推特调查，可以利用低成本的线上问卷，可以用账户所提供的分析功能，也可以和社交信息收集或者受众分析服务提供商进行合作。

传递信息最好的方式就是通过私人渠道，并且把受众体验放在第一位。要想把营销活动做得有效、具有便携性并且有个性，你需要从了解自己的受众开始。从大的方面来说，这可以包括基本的智能手机用户指南，以及针对年龄较大的用户提供手机工具使用说明APP（这些用户对手机的新功能不够熟悉）；而从具体的方面来说，这可以是航班APP，通过追踪用户常去的目的地，给出航班延误等信息提示，同时提供当地离港航班的相关信息。

如果想进一步了解界面设计，以及如何为手机量身定制产品以满足受众需求，请参阅第9章。

了解自己的品牌与产品为什么要出现在手机上

你的品牌与产品为什么要出现在手机上？你在手机上要做什么？我一直都试着让客户和员工摒弃“手机=千禧一代=金钱”这样的概念。千禧一代（年龄15~25岁）使用手机要比使用其他媒介的程度高，同时也比其他年龄段的人使用得更频繁，这是不争的事实。所以如果你想通过在手机上制作某种游戏以便同千禧一代建立联系，就不失为一种合理的选择。但是你必须要清楚了解这个游戏，弄清楚你的品牌为什么要这么做，并且要明白你的投资回报可能不会直接体现在产品销售上。

现在你会渐渐明白，开发一款APP有时候不是进行移动营销的唯一选择。同时，开发APP也不一定是最好的选择，这一点很重要。例如，你可能很难找到某个电影院自己的APP——大多数的影院都通过和Fandango这样的票务APP或者其他综合应用服务提供商来合作发布移动端广告。基于同样的原因，很多品牌店选择入驻商场，而不是出现在一个无人知晓的犄角旮旯。合作伙伴能以怎样的方式呈现你的品牌？你的品牌和产品进入了何种媒体网络？你的客户想要什么？对你的品牌和产品在手机上的出现又有怎样的期待？想一想你的品牌代表什么，你想要和谁建立联系，需要和谁建立联系？把这些想法以及受众置于体验的核心地位。你越是这样做，越是能具体地对“怎么样”“在何地”“为什么”这样的问题做出回答。

无线营销联盟（Mobile Marketing Association）是一家专注某一行业的网站，它为会员准备大量的参考资料和资源，从围绕单一主题的深度会议到学术报告及最佳实践文档，并且在世界范围内举办用以奖励卓越的移动创意的年度颁奖大会。

马上要做的 5 件事：

进一步了解如何开始移动产品开发，请参阅第 10 章。

01 要留意时下炙手可热的消费趋势，但也不要马上参与进去。门店定位以及根据“大数据”塑造体验现在风生水起，但是这些仍在不断的变化和发展之中。所以要在时机成熟的时候，并且在掌握足够信息和知识的情况下再做决定。

02 让营销团队参与到品牌形象和品牌声音的创建工作中。在盛世长城公司，我们为客户建立目标工作组，通过这些做法塑造品牌声音，帮助他们明确自己的最高目标，以及如何能实现这些目标。

03 如果有人想要把你的品牌声音传递出去，那么他们就要考虑在何时何地传递，并且要根据当地的消费趋势和心理偏好。在品牌声音和形象塑造上加入时下热门的讨论，能让你获得新的受众。

04 在制作你要传递的信息时，如果认为实习生自己就能成为品牌声音的传递者，那么未免太天真了（甚至有点吓人），你需要把钱花在能从战略角度以及编辑、创造角度思考的人身上。这是正经的工作，而不是一场轻松的夏日演出。

05 关于指导路线并没有限制：创造出自己的品牌声音之后，就可以制作品牌“剧本”，让它们随着品牌的定义更新变化，配合以样品发布、竞争格局以及大量的案例，这些案例包括图片、图标以及在各种设备和销售渠道的品牌特色。

店内消费超过 1 000 美元的消费者中，有 42% 在使用手机。

数据来源于美国互动广告局（Interactive Advertising Bureau）。

42%

07

位置，更精准的位置

我们越来越依赖用电脑查询几乎所有有关位置的信息。举例来说，去某个餐馆或者在去哪里之前，你会特意提前确认好驾驶路线吗？

如今很多网站都具有定位功能，比如有店铺查找功能或者标识码和跟踪系统。这些功能通常靠一个强大的、不断更新的地图系统来支撑，比如谷歌地图或者必应地图。通常用户需要手动输入他们所在的位置，或者像邮政编码一样标记自己的位置来接收有用的数据。所以当用户所处的位置不断变化时，移动设备中的定位服务就显得相当重要了。

值得庆幸的是，地理营销的需求极大地发挥出了移动设备的优势。从手机到平板电脑再到车载系统，大多数的移动设备都装有内置定位系统，例如GPS（全球定位系统）。这些定位系统能自动根据移动网络浏览器来提供相应的APP和功能，而且能提供极其精确的定位数据。很多手机在出厂时就已经捆绑安装了谷歌或必应等类似的地图应用程序。所以只要你的手机能联网，不管是通过手机信号、Wi-Fi，还是两个功能都同时开着，定位系统都会比你自己更清楚你的位置。

所以对用户而言，使用移动设备比使用台式电脑更容易接触到定位服务，因为你只要启用定位服务，你的手机就知道你在哪里了。这样一来我们就省略了一个步骤——用户不需要再输入任何内容就可以得到相关的位置信息。然而，这类高度精准的定位数据有时候会被看作具有侵入性，并且还有被用作间谍活动或者其他隐私信息滥用的可能。对市场而言，移动设备记录着各类关于用户地理位置、娱乐偏好、旅行方式等极有价值的数据。大部分客户愿意将这类信息提供给你来作为价值交换，但前提是你不能滥用这些数据信息，而且要注意保护客户隐私。

这种功能有利有弊，但对于任何市场营销活动来说几乎都是一笔巨大的财富，因为它能同时为你和客户带来较高的实用价值。要注意的是，定位功能虽好，一直开着却容易消耗电量；同理，你也要注意不要成为消耗别人电量的“罪魁祸首”。

我的APP需要定位功能吗？

如果符合以下条件，你就需要使用定位服务

即要么你是卖实物商品的，要么你需要人们亲自光顾你的店铺。例如零售商店、餐馆、电影院线、游乐场、活动策划、配送服务、社交网络和聚会，所有这些都需要定位服务来配合其现行的市场营销活动，同时也需要有和受众间最基本的沟通媒介。如果你正从事以上任何一个或者相关的产业，就必须要有一个移动端优化版网站，网站还要提供强大的定位功能。同时你还应该考虑APP怎样与你的市场部署相匹配，小到与你的具体业务，大到作为一个更大的集合应用的一部分。

如果符合以下条件，你可以考虑使用定位功能

如果你正在进行一场促销活动或赞助一次旅行，你想要你的移动端用户、脸谱网好友或者Twitter粉丝去跟踪此次活动的进程，或者你想与他们在以后进行交流，不管是在短时间内还是在整个活动的开展过程中，你都可以考虑使用定位功能。此类活动不仅有趣，还很容易进行。况且这只是暂时的竞争手段，并不能成为永久的移动服务。归根到底，这类活动都是为了提高你的品牌知名度。

用定位为客户创造惊喜

从一系列的客户反馈来看，你的定位服务将你放在了“惊喜”以及“无意识的依赖”之间。换句话说，客户要么会因为你的移动产品所提供的出色服务而开心，要么会慢慢自然而然地信任并依赖你的服务。你的定位服务给客户带来的惊喜只应限于真正使用的范畴内，而不是沦落到无度地跟踪或邮件轰炸。想象一下，这就好比你确定会有个惊喜的生日派对等着你，只是你不知道在何时何地而已。

以定位为前提的奖励机制能快速将你的品牌的地理位置与客户使用的移动设备连接起来。只要你走进任何一家与Shopkick（一个以奖励消费者走进商店真实签到的软件）合作的商家，Shopkick都会给你一个签到奖励（这个奖励被叫作“a kick”。对客户忠诚度计划的使用正在迅速转移到移动端上，所以你应该考虑一下你的品牌是否能通过加入一个稳健的客户计划，从而在多个品牌相互为彼此增加访问量和知名度中获利。

让定位更精准

对于市场营销者和客户而言，通过手机、台式电脑传输的原始数据量太大，范围也太广。一个优秀的定位系统应该能够筛选并去除冗余的、不必要的信息。比如，如果我在曼哈顿使用手机查找餐馆，手机就不应该给出威斯康星州麦迪逊的餐厅列表供我挑选（不管那儿的奶酪有多好吃）。事实上，如果我在曼哈顿，手机上定位的你的品牌位置应该默认在我所在位置的一定距离范围以内，因为我已经在去的路上了。手机搜索对定位非常敏感，所以如果要达到最优效果，你要考虑的是怎么把你的内容展示出来，以及怎么与移动中的受众所处的主要位置产生关联。像SweetSpot这类应用程序可以提供像用户手机更新一样的实时事件信息，从而创造一个在特定时间场所内的贴心有用的体验。

近场通信是利用无线电波来完成短距离的发射台和设备之间的数据通信。例如，通过让你的手机与一张可进行内容传输的海报接触，海报上的内容，比如一首歌或者一个应用程序，就可以通过近场通信传输到手机上。

积累定位大数据

除了能提供直接快速的服务，你可能还想探索一下如何让定位功能记录过去的数据并且以此预测客户未来的需求。你的网站和应用不能仅满足于找东西，而应该好好想想是否应该拥有这样一种能力，即建立客户文档并且储存用户搜索过的相关数据（如位置、搜索时间、餐馆类型等），以便下次用户登录或搜索其他东西时给他提供更精准的数据。为了你和你的客户更好地使用服务，所有的位置数据都应该被持续积累起来。越来越多的航空应用都知道你曾经去过哪些城市并且基于你之前的旅程来提供相关的产品、套餐和相关内容。在合适的发展阶段来实施这项客户信息追踪功能并不是很困难，它可能只是在每次访问网站时给客户省了一点麻烦，但这项功能所带来的惊喜值得所有额外的付出。

定位不要越过底线

所有超定向用户数据都具有其阴暗的一面。如今，我们很轻易就可以获取大量信息。隐私安全是手机应用中人们最担心的问题之一，客户不想觉得有人在监视他们。

我们已经花了很长时间讨论一个问题，那就是怎样收集客户数据来分析用户结构，并且建立系统去收集并回应个性化的反馈。那么怎样才是“太过火”了呢？因为技术的扩展范围可能会超过一个底线，这个底线被叫作“正在让人变得紧张”，所以你需要确认你要收集多少信息，更重要的是，在一开始你就应该知道你为什么要收集这些信息、你的底线在哪里？

我们再回到你的品牌声音，目前你和你的客户关系是怎样的？他们对你的品牌声音又抱有怎样的期待？你的品牌声音所告诉你的不仅是你怎样收集数据、为什么收集数据，而且还让客户知道你目前在做什么、将来要做什么。

举个例子：Foursquare是一款定位社交媒体的工具，这个工具让你每到一个地方时都可以签到，并且将你所在的位置信息上传到脸谱网上与你的朋友分享。通过完成签到和提供奖励，它将你的行踪变成了一个游戏，与它所传达的信息一样，它的品牌声音很有趣、不正经，还有点玩世不恭。一天晚上，我朋友去了酒吧并且使用了Foursquare签到，她很惊讶地发现，因为连续8个星期去酒吧签到，她获得了一枚奖章。这感觉有点怪，对吧？

这样算是过火了吗？Foursquare到底有没有从令人惊喜跨到了让人嫌恶的地步？最重要的是，Foursquare让她对自己以及这个品牌有了怎样的感受？

答案是由品牌以及它的客户基础决定的。我常常在与我的团队讨论品牌内容时谈论这个案例。最终我们认为，Fourquare这项获知我们是否连续8个星期去酒吧的功能并没有跨越那条底线，因为我们从一开始使用这个应用，就已经有了这样一种预期。对于他们受众中的一小部分人来说，这确实是一个象征着荣誉的徽章。这完全符合我所讲的Foursquare的品牌声音。

惊喜与嫌恶

公司当然要为牵涉隐私及定位分享的法律问题负责。就像我们所看到的，除了要考虑法律问题，公众认知也是一个问题。Foursquare和其他可以定位的应用或服务一样，比如Instagram、脸谱网以及多多少少涉及定位的其他应用，都不可避免地在令人惊喜以及嫌恶的区间内徘徊行走。

就像在本书的其他章节所讲的一样，了解你的品牌和产品需要花很长时间。Foursquare了解自己的产品，并且它深刻认识到，对于那些觉得“恭喜你哦，连续8天去酒吧”这种腔调不愉快的客户，公司完全可以承受他们的流失。但不是每一个品牌都可以这样做，因此，你必须全面考察定位信息怎样与你的品牌及产品在手机上的存在以及行为方式相匹配，这样才能帮助你不越过底线。

马上要做的 5 件事：

01 试用提供定位服务的应用程序和服务，这些应用不仅是那些与你的业务和品牌相关的，还有那些你的受众热衷谈论的。

02 对隐私以及数据共享的讨论要始终与时俱进。在你实施计划及决策的早期，你需要把这些问题考虑进去。

03 实时关注竞争对手的定位服务，下载并使用它们。它们使用起来是否方便？是否实用？随时监测其他用户的对话及评论。

04 密切留意像近场通信这样的创新功能，这可以让你的定位更有用，并且可以创建出不只是信息交换的对话。

05 关于法律的考虑，需要补充的是，没有人希望被高度私人化的移动交互体验所出卖，因此与目标受众谈话或者做演示时带着你的法律顾问，以此来了解客户对使用定位交互服务的想法。一些前期问题需要耗费很长时间才能解决。

Mobile Magic

第三部分

开始行动

08

如何制订预算

世界上没有多少人，也没有几个公司可以不考虑成本就把想法转变成现实的。事实上，能够这样做的人可能也不需要阅读本书了。

而对于其他人来说，做每件事都要有预算，移动营销也一样。但是关于移动营销的预算还有些要点你可能不知道，包括一些很棒的节省成本的工具和方法，也有一些相对来说隐蔽但有时让你瞠目结舌的花销。其核心思想就是，无论什么情况你都需要制订一个几年计划。本章将对移动营销预算的各个方面进行指导。

移动营销预算的两个组成部分

在制订移动营销预算时，有两件事需要考虑：一是营销活动的策划，另一个是营销活动的持续。第一点显而易见，即策划的成本，包括员工、设计、创建移动优化版网页和移动APP、生产和制作宣传材料，以及其他相关工作。

进一步了解创意过程中的创意和营销人员角色等相关信息，请参阅9~11章。

一旦完成策划阶段的预算，你就要在这个基础上搞清楚，在营销活动几个月至几年的生命周期内，你需要投入多少成本维系你之前所取得的工作成果。这就是移动营销预算的第二个组成部分。维系市场营销成果是一项十分关键的任务。如果你只从本书学会了一件事，那这件事应该是：因为移动营销是在你和客户之间建立双向对话渠道，因此，这些工作成果的维护以及后续的发展比策划期更重要。移动营销需要持续投入，不断对话，以及不断的发展。你必须留意版本更新、操作系统的变化、收入来源、新的模式、新的趋势、新的法规要求，以及新的模因①。媒体的格局也在不断演变之中——不单是设备在变化，使用设备的人也在发生变化。但不要被这种情况吓到，把这种动态变化看成是灵感的来源，只要你觉得有必要，那么就把这

① 模因是文化的基本单位，通过非遗传的方式，特别是模仿而得到传递。——编者注

些变化和改进加入你的战略之中。

移动设备的投入

对于大多数公司来说，移动端只是全部市场营销工作的一部分。而现在越来越常见的就是，“数字”以及“非传统”因素占据整个营销预算的一半之多，因为需要在广播和印刷材料之外的其他特定渠道有更多花费。关于这部分花费，大部分公司都会在开始的时候将预算的10%~15%分配给移动端。因此你也可以采取相似的做法，但是要对这个比例进行持续的评估，并根据自己的需求做出调整。

移动网络是一个极其强大而有效的交流方式，它只会变得越来越流行。不论其他趋势或者常规做法如何，你的预算组成都应该首先根据自己的需求制订，而且要不断地改进，以便能够最高效地连接受众并达成交易。在移动端的投入并不意味着你要停止其他营销渠道和媒体宣传方面的工作，而是需要你以最有效、参与度最高、最个性化的方式把自己的信息传递给客户。按照以上做法以及第4章讨论的三P原则，在移动设备上以及通过移动互联网渠道进行市场营销，你很快就能走在营销的前列。

清点公司的移动基础设施

现在，拥有数据业务的公司所面临的最大挑战，就是需要对后端存储和组织系统进行重新评估或者可能的结构调整。换句话说，就是要调整他们处理和使用数据的方式。从长远来看，当你开始把移动营销纳入自己的营销结构时，你就应该把这一新渠道融合到现有的体系中，而不是给原有体系增加一些不必要的负担。重点是移动业务能够维持下去并且能同前后端灵活地无缝连接，同样，也要充分利用收集到的数据，而不只是存到数据库就行了。这种重构可能会成为移动营销预算的一部分，所以要记在心上。总而言之，要在可接受的范围内保证一切都小巧、简单且安全，也要保证以后能扩大规模。

在你开展移动营销方面的工作之前，你需要确定公司有能力对移动营销工作提供支持，并保证后续的运行。

首先，检视公司目前的IT（信息技术）基础设施。这些设施可能已经用了5~10年，并且和移动渠道进行融合也不是很方便。后端系统可能需要大量的更新，以满足现实需求。

其次，找出后端系统中的安全以及数据共享问题。随着技术的进步，对技术的滥用也层出不穷，因此要保证其安全性。

看看公司的多媒体营销战略——电视广告、平面广告和台式机广告，三者之间是否有明显的不同？有没有分别针对台式机、平板电脑以及移动设备制订不同的战略？你要如何通过制订一个交叉融合的策略，来将所有这些内容整合在一起？在数字广告方面，公司总体上的竞争力是什么？

最后，在人员、运营以及产品方面，公司实行何种数字化治理？公司有没有首席信息官（CIO）或者首席技术官（CTO）？首席信息官的工作职责是什么？在移动业务方面能提供怎样的支持？首席信息官或者首席技术官与首席营销官（CMO）是什么关系？

确定预算的经验法则

如果可以为移动营销业务确定合理预算找出一条经验法则，那应该是这样的：对比整体预算还有受众的媒体习惯，如果受众从电视转向移动端，那么你就应该把一定的预算也转到移动端业务上。从自己经营的其他业务上找到可以借鉴之处，如果可能的话，要边试边学，不要束手束脚，要能够快速地根据需要调整业务规模。各种各样的设备、性能、服务以及平台如昙花一现，所以要在有准确把握的时候再采取行动，这都将取决于团队经验以及你对合作伙伴的选择。

在维持移动市场营销业务方面应该花多少钱呢？根据通行的经验法则，这个数字大概是营销活动策划的 1.5 倍。就是说你做出东西如果花了一块钱，那么正式运营的时候，至少要花一块五，这样才能进行宣传、搜索优化和日常的技术维护，并把你所做的工作成果展示给大家，让大家有一个基本的了解。在移动营销上的投资需要公司支持，支持程度大概与很多较复杂的投资项目一样。

营销活动设计的复杂度等于成本

无论是APP、移动网页优化，还是短信营销，设计得越复杂成本就越高。复杂度是什么意思？技术顾问会给你详细的解释，但是大体上可以这么理解：如果一个猜谜游戏APP可以连接网络，需要用户名和密码登录，同时要从数据库调用数据，那么它的成本就远比只包含猜谜功能的APP高得多。为了对复杂度有自己的理解，我鼓励人们观察周围相似的移动营销活动，看看有没有做过类似的方案设计。如果完全没有，那么要么就是我们在这个领域已经遥遥领先，要么就是我们做得太复杂。你可以考虑一些既可以降低复杂程度又可以降低成本的方法，尤其是在刚开始开展移动领域工作时。其中一种方法就是同现有的APP展开合作或者取得使用许可，不用自己做。这样就可以试试水有多深，看看自己的品牌在移动设备上反响如何，然后再对品牌呈现方式、角度以及声音进行试验。另一种降低复杂程度和成本的方法就是买一个现成的白标APP。

进一步了解白标APP申请，请参阅第11章。

人员预算

在整个市场营销体系中，虽然移动营销的比重增长迅速，但是大多数公司并没有专门的移动技术专家或者移动营销专家。通常情况下，很多公司都是让现有的市场营销人员进行移动营销工作。问题是当把“移动”元素纳入营销或者技术团队的工作后，移动业务工作很快就会变成全职工作，因为有很多渠道、设备以及受众要进行日常维护。工作所需的知识、技能和经验是非常专业化的，所以在进行投资规划的时候，可以从开始就将如何发展自己的内部移动营销团队考虑进去。越来越多的公司正在引入这套内部流程，因此有先例可供借鉴。

对于中小企业来说，最常见的选择就是把这方面的工作外包给移动营销公司或者服务供应商。选择供应商非常重要，因为至少在一个主要项目上，你会和供应商进行紧密的合作，而且在其他项目上这种合作也可能会继续。然而，同移动营销服务供应商合作而不使用内部人才的一个好处，是你可以根据不同工作更加灵活地挑选供应商，因此可以更加灵活地适应自己的需求和市场的变化。

不管是否建立内部移动营销开发团队，都要保证有合适的人选监督项目，因为这将决定全局。这个人要监督外包项目的全过程，保证每个部分以正确的方式结合在一起，并且要对整个项目从立项到结束进行全流程监督。我通常会让一个出色的项目经理与创意生产团队一起协作。一般来说，有数字产品相关经验的项目经理都有一些移动开发经验，或者有一些对移动产品来说同样适用的经验，他们可以利用这些经验处理总体流程、预算以及各个部分的衔接。

组建一个优秀的移动营销团队可能需要一段时间。按照计划给团队的组建预留一定的时间，不要被时间吓到。组建团队时，团队领导要有和企业一致的目标，随着业务的增长也要关注扩大规模，这样会为之后的工作节省时间、金钱以及减轻压力。

移动商务与即时回报预算

当移动营销活动的核心是电子商务时，以移动设备为核心展开营销活动就是明智之举。移动领域进行的尝试和基于网页所展开的工作有很多共同的资产、信息可以共享——因此你可以把移动领域的业务看成是开展工作的新渠道，它可以让你以一种不同的方式阐释自己的产品。

进一步了解团队组建内容，请参阅第11章。

例如，如果我开了一家比萨餐馆，并且通过线上订单拥有了不小的规模。现在我想把业务扩展到移动端。首先要做的事情就是为移动设备优化网页。我会看看怎样利用像邮政编码这样的简单数据，让人们找到或者联系到我。我也会开始制订移动营销战略，获取客户信息，以便提供更加个性化的服务，并且提高实用性。我还会试着让自己的餐馆连接到其他具备查找餐馆功能的APP系统中，比如Yelp、Urbanspoon或者Seamless。

每一个品牌都需要考虑移动商务，因为每个潜在客户都有一部移动设备。对于一个重工业公司来说，看起来可能没必要投资建立电子商务平台，但是以某种程度出现（如果不能完全实现端对端交易）在电子商务平台上还是有必要的。客户会在网上比较产品价格，有时候甚至还在实体店的时候就开始上网比对。所以你肯定希望他们还在竞争对手的实体店里时，就能在手机上找到你的产品。移动商务同样可以让客户完成在实体店的交易，也可以让他们回去后选择自己更想买的产品。冲动型买家和犹豫不定的买家都会通过移动设备购买产品和服务。要花些时间搞清楚什么类型的移动商务符合自己的预算，要打造怎样的用户体验，为此制订长期战略计划。

做好市场调研

几乎所有的潜在客户都会随身携带移动设备。就这一个理由，便足以让你进入移动领域。但是不同品牌对此的反应有所不同，假如你不清楚自己为何要进入移动营销领域，也不知道该如何评价或者兑现自己承诺要做的事情，就贸然进入移动营销领域，那么移动营销工作可能会错失成功的良机。

所以，你要进行研究，做好调研。比如，有一家零售公司做了一项关于其受众的媒体消费行为及消费模式的研究。研究发现，很多客户每天在手机上花的时间在 5 个小时以上，其中又有很多客户通过移动设备购买他们的产品。从这项研究来看，下一步工作很明显：该零售公司应把工作重点放在为移动端优化现有网站和搜索引擎上。这就意味着要抛弃基于Flash的广告，因为很多移动设备都不支持Flash；可能还需要实现一种响应式设计，让网页可以轻松地在不同尺寸屏幕上具备良好的阅读体验。当然，这也意味着要根据数据对市场营销的长期战略进行重新评估。

进一步了解响应式设计，请参阅第10章。

移动业务所需的投资

随着移动业务的开展，你会发现经常需要做一些结构上的微调。如果只是把移动业务简单地嫁接到一个不合适的基本架构上，你肯定不愿意——那样随着工作的进展，最终只会伤害到自己。初为父母的人，通常都会在宝宝出生前就准备好婴儿房间，因为没有人想一边听着孩子在隔壁的房间哭，一边在房间里组装婴儿床。这和开展移动业务一样：开展工作之前就要准备好自己的基础设施。你需要注意以下几个环节，并且为其编制预算。

搜索引擎优化（SEO）：谷歌以及其他的搜索引擎可以利用算法对搜索结果进行排名，这个排名反过来又会影响相应网站的访问量。优化意味着把关键词、链接、社交内容、登录页面以及其他源数据等战略性地融入你的网页系统中，这样就可以极大提升搜索结果的排名。保持网上关键词点击率的数据质量同样会影响排名，而且最终会影响付费搜索服务的价格。随着与移动设备使用相关的分析日渐复杂，台式机和移动设备所产生的数据交叉性也越来越强，因此需要制订灵活的搜索计划和定位。

促销：促销的形式可以是比赛、派发礼品或者与其他品牌进行合作，甚至是任何一种非移动的广告形式，只要能引起人们对移动营销活动的注意就可以。要考虑把促销活动常规化，可以制作促销活动日历以及一个连续的移动端战略。因为在手机上简单而快速的互动常常要与一些促销活动连在一起，例如赎回、优惠券或者抽奖等。

关于促销合法性内容，请阅读第 17 章。

社交媒体：社交信息收集应该是维护工作的一部分，就是说要在移动设备中检测有关自己品牌的动态——找出人们在什么地方谈论起自己的产品，并加入对话中！消费者希望能得到照顾，或者有人听他们的意见。有时候消费者只是想知道你在听他们说。当你的受众参与到品牌互动中，就要让他们能以一定的方式、在某个地方参与到社交内容的创建中。切记，三思而后行——在参与之前，要创建自己的战略框架以指导互动，因为一旦你发起了对话，那么这些对话可能就要一直持续下去！

技术维护：总会有些问题需要解决——程序错误需要解决，新技术需要进行优化，病毒需要清除。因此要有专人对软件进行监测，保证软件运行顺畅并且可以持续完善。

隐性成本

打造极佳的多屏移动优化客户体验，会产生一些隐性成本。估计会遇到以下问题：

——如何获得大数据并进行相应的分析？

——如何将移动元素加入现有的服务和基础架构内？

——移动信息将如何同客户数据整合起来？怎样使用这些数据（客户数据不仅指点击量）？

——要花多少钱来保护客户隐私及安全？客户需要提

供多少财务信息？你又需要对此提供多大程度的保护？

——要花多少钱支持实时数据访问（尤其是服务包含访问金融账户、游戏积分、新闻等相关内容时）？

——对于所要使用的一些基础网页服务，你要采用什么应用程序接口？这要花多少钱？

——项目需要什么类型的员工？这些员工的预算如何分配？这些人是自由职业者、承包商，还是内部员工？

进一步了解移动业务雇员的相关信息，请参阅第 11 章。

在战略框架之内开展营销活动

在数字媒体工作时，有时候人们总禁不住做得过了头。每个小时发一条微博，发好几十个帖子，总的来说，所做之事只是冲动行为，而不是基于战略框架之上。虽然我非常支持先从小规模开始，看看到底什么行为奏效，然后再从快速创造和更快速的传播中学习，但是有一点很重要，有时候也要根据你自己的想法修订计划。保持市场营销工作的水平不断提升很重要，但做得太过也同样值得警惕。你肯定不希望受众耳朵都长了茧子，一天的时间有限，越来越多发生在手机上的行为都是以任务为导向的，所以就要求更加简单、更加高效地完成目标。市场营销的维护需要一定的时间，而社区维护所需时间就更长，对于你和你的员工来说，时间就是金钱；对于你的受众来说，时间也是非常珍贵的。因此，有一个清晰、明确的战略框架，知道自己该在什么地方花钱，将会大大地简化（或者放大）营销工作。简而言之，如果预算超支，你的营销计划的复杂性也就大大增加。

关注度就是金钱

在制订预算和计划的同时，你要考虑自己的目标是什么。你是如何定义成功的？你的目标会不会提高线上销售，会不会提高品牌辨识度？能否为品牌信息的传递和交易建立一个移动端渠道？从传统意义上讲，市场营销努力的目标是要看到投资回报，但如今，在丰富的媒体环境中，移动端是非常流行的一部分，我们鼓励企业关注并参与，并把它看作投资回报的一部分。时间就是金钱——更准确地说，关注度就是金钱。人们花时间在你的品牌上，无论是玩你做的游戏、浏览你的产品、参与你提供的各种社交活动，还是与朋友谈论你的品牌，他们都是在为你投资。在工作开展之初就要明确自己的目标，接下来则要对目标进行不断完善，包括评估目标的方式，以及如何达成目标。

粉丝的力量是无穷的

我的一些客户想要让移动营销成为他们计划的一部分，并且要以低成本进行测试学习，每当我参加会议或者同他们见面的时候，我一般都会跟他们讲一些案例。这些案例都包含受众参与，或者直接参与，或者通过有影响力的人产生的光环效应参与，抑或通过其他某些方式帮助这个构思进行传播。对于“一夜暴红的APP”确实没有什么捷径可供效仿，但是在初始阶段，高度关注你的参与对象，较早地将有影响力的人引入，并且在社交拓展和社交信息收集方面投资，你就会发现一些较低成本、较高成效的渠道和机会。但老实说，要想让APP和移动网页体验变得更卓越，运行和维护的成本就一定会增加。“0元小费”的秘密就是要预先进行战略制订，在花钱的地方要像动手术一样小心翼翼，煽动起“死忠粉”内心的火焰，并且尽早引入自己的主张。你的想法越有见地、越有创造性、越简单，你花费的金钱和精力可能就会越少。如果人们爱着某样东西，并且感觉到自己和它还有其他人有共鸣，那么他们就会花时间帮它成长、为它宣传。倾听，并尽早地引入粉丝、潜在粉丝以及他们的各种关系，你就可以开始以近乎零成本创建自己的市场营销力量。

据估计，2013 年移动商务占整个电子商务市场的 15%。

15%

09

组建团队

在开始做移动营销前，必须要先找到合适的人选，这可能是最棘手的部分。要明白，你不需要对技术性的细枝末节亲力亲为，你只需要组建一个团队来做这些事情。当你自己不是技术性人才的时候，应该怎样去寻找合适的人选呢？

这种棘手的情况听起来是不是似曾相识？别着急，本章就是为你而写。虽然你有太多的东西要学，尽管移动营销突然风靡，但并不会让你多年积累的行业经验白白浪费；反之，这些经验对你来说比任何时候都显得尤为宝贵。你已经在网络大浪淘沙后生存了下来，不仅如此，你对它的运转方式、灵活应变的重要性都已了解一二，并且你很清楚，随时都会有新事物出现，需要你给予关注并迅速做出决策。此外，大部分的营销团队还都没有与生俱来的技术经验去独立执行一个中型乃至大型的移动营销活动。

在本章中，我们将会介绍一些基本规则，同时给出一些建议，告诉你如何招募手机供应商，如何与开发商合作，以及如何将移动营销专家纳入你的团队中。

评估你的合作伙伴

要全面评估一个潜在合作伙伴，应该从评估他们公司领头的创意人员和开发人员入手。简单地通过上网查询就可以查看他们在网上的个人档案、博客和作品集。有些人可能已经做出了和你理想中差不多的东西，试着联系他们。如果你找不到，可以试着扩大范围，将“橄榄枝”伸向其他与他们合作过的人，合作项目最好是具有应用性或代表性的。这件事做起来并不麻烦，因为大部分营销人员都没必要开辟一片新天地，抑或做些与之前工作出入很大的实验性举动。在选择合作伙伴时，你最该考虑的是他们做过什么，还有他们的经验将对你的项目有什么帮助。你不一定需要去走别人走过的老路，但不论选择怎样的征程，你都离不开一个合适的领航者。

你的首要目标是去寻找现在所需的人才，但同时也要考虑到将来的发展，要考虑到你的品牌规划，以及通过移动渠道所想打造的企业和想占领的市场份额大小。如果你能找到一个在未来几年都能与你维持合作关系并且履历丰富的公司，那么这样的商业关系就非常值得建立。

如果已经和某网页开发公司建立了良好的合作关系，你就应该从他们那里入手发展你的移动业务。毕竟，将注意力集中在移动网页或者移动网站上，才是你工作的首要任务，同时很有可能也是他们的工作重点。除此之外，如果他们正好也在考虑如何拓展他们的业务，那么你所合作的网络公司多半也具有APP和移动网站的研发能力。我从未听说过任何该领域的专业人员说："我们只做APP"或者"我们只做移动网站"。总的来说，任何有些年头的工作室都着手或已经开始参与到与移动发展相关的各个领域里。再者，一个好的合作伙伴会为你的团队带来解决问题的全新角度。你不但需要一些人以移动内容的视角来提供相关的观点，还需要对在移动设备和应用程序上可能做什么以及实际能做什么有更深入了解的人。在你的团队中，某些专业需要考虑纳入至少一个移动营销专家。

重点提示

如果你从未涉足过移动领域，又或者是一家新开的公司，那么在选择网络开发公司的时候要特别小心，因为它们会成为你正在建立的公司架构的合作伙伴。记住，移动化已是大势所趋。你现在可能觉得移动营销能为你带来的只是些额外的客源，但很快移动端将成为你主要的客户来源。你现在可能觉得移动营销只是为自己的生意开了一道侧门，但是很快这个侧门就会变成正门。所以现在就要开始进行架构布局。

面谈的技巧

作为研发人员，最重要的素质就是能顺应变化。让你的研发人员向你解释清楚他们的项目管理方法。你的需求会随着项目的发展而不断改变，所以你必须确保他们能在项目进程中随时进行合理的调试。你的开发人员是否能够快速对客户的需求做出回应，并且不厌其烦地进行纠错调试？

与界面设计和互动体验方面的专家面谈，这些人的头衔一般会有IA（Information Architecture，信息架构）或UX（User Experience，用户体验）这样的缩写。由于你的网络形象需要符合并能反映出品牌的既有特征，所以在团队中找到一个能理解你的美学观、能接受你的风格导向并且能理解移动设备上的交互设计原则的交互设计师，就显得尤为重要。

适应力不只是指能够适应某个公司需求的变化，因为技术本身就是在持续变化的。不仅硬件在变，软件的更新也使得之前的插件、APP和其他附件不断淘汰，因此开发人员只能马不停蹄地跟上变化的步伐。比如，脸谱网每几个月就会更换一次它的API（应用编程接口），这样一来，如果脸谱网要继续在更改了的平台上维持正常运行并且达到广大用户的期待值，他们就必须随时对此保持高度警惕。

技术世界的游戏规则变化无常。虽然你自己不用知道这些细节，但是你的开发人员却需要知道。而且他们还要能够了解自己领域内的变化，特别是会影响你的项目的变化。最重要的是，你的开发人员需要能无畏地面对技术界的变幻莫测。你寻找的人应该能对这一领域带来的种种变化持开放态度，并且在面临突变时仍能应对自如并为此兴奋不已。

多花点时间筛选

——他们的网站维护能力是否和网站建设能力一样出色？

——他们能否快速进行迭代并且有效地推出更新、更好的版本？

——他们是否真的了解设备的动态特征、屏幕分辨率和操作系统？

——怎样做能带来净利润，而怎样做除了延长开发时间外却收效甚微？对于这些情况他们够不够坦白？

——你认为你在未来几年能持续与他们合作吗？

即使你觉得整个挑选过程有些耗时也不用气馁。因为要找到适合你的移动开发公司本身就不容易，所以值得为此多费点时间。

在做公司简介和开会时尽量多预留出一些时间，以防最后你本以为是天作之合的合作公司实际却不是那么尽如人意。除此以外，你还需要格外留意与你在同一领域的竞争对手及其他公司，以及你崇拜的那些人，他们所选择的开发伙伴和他们的工作成果会给你启发，并且在你做选择时能助你一臂之力，尤其是在审美方面。

当心价格太低的合作伙伴

如果从一个公司的履历上来看，它们只是在重复做些毫无创意的东西，换汤不换药，那你就不要考虑了。你所需要的人要会通过不断提升自己来满足你的需求，并且具备较全面的能力，这样当你拓展移动工作时，才能继续依靠他们。

一些公司会售卖专利平台或者定制客户管理系统平台，坦白来讲，对于一个工作室来说，自有平台可能只是在说空话，甚至给你的客户带来不必要的风险（说的就是你）。不仅如此，这对你和你的客户来说都是一种时间和金钱上的浪费。现在已经有一些可用的开源平台或者商业平台，包括Ruby on Rails、Django、CakePHP和ZendFramework，内容管理方面有 Drupal、Joomla、Wordpress和Cite Core。开源平台相对较便宜，并且可以借公众力量来检验一些问题，比如网络安全等。这些平台的好处也包括可以享受持续的技术支持和定时更新。因为不是所有的内部系统都能有这样的保障，再加上当你聘用的几家公司在一起使用开源平台时，遇到在项目结束前就有人需要退出的情况也会好处理一些。因为开源平台对于各方来讲，进进出出都很方便，项目交流和信息共享都会更容易些。

在搜索合作伙伴时，当心那些出价比市场价格低很多的公司。它们可能会挑三捡四、改变订单，而这些变化可能会导致你最终花的钱比当初选择价格更高、更注重细节的公司还多。

要做好应急预案。如果你的研发人员完成不了任务而需要别人来接替，你要怎么办？又或者你雇的开发公司倒闭了，你能否获取可以使你的项目继续进行下去的代码和资源？一纸外包合同虽然能解决这些问题，但是了解清楚你的各项选择及备选方案能够帮助你掌控好项目走向。

你在团队组建中的主导作用

需要弄清楚的是，在你的企业伞形架构中，市场与技术怎样才能结合到一起？谁将主导这个项目？如果你的公司已经跟开发公司有过完美的合作经验，你就没必要在你的移动项目上做什么改变了。不过要确保选定团队核心人物的依据是其出色的市场营销技巧以及丰富的移动营销经验。就我个人而言，我曾有过仅雇了一个人就从中收益颇丰的经历，这个人既懂营销，又懂技术，并能够在需要的时候在这两者间游刃有余。团队核心人物应该具备担任团队中沟通桥梁的能力，并能让你放心授权他去做决定，他不仅能让事情顺利进行，在必要时也会果断做出决策。除此之外，他还能让团队的其他成员与你保持顺畅沟通。我们发现，最佳解决方案是让市场团队中经验丰富的员工作为团队一把手，而把技术型项目经理放在团队二把手的位置。

你还需要搞清楚在现有公司层级结构的基础上，市场与技术怎样进行合作。我的建议和前文一样，把市场部的领导放在首要位置，然后辅以一个强有力并且有授权的技术项目经理。把整个架构的注意力完全放在项目管理和生产系统上也很重要，而且这个生产系统需要适应来自多渠道市场的不同数据和模拟信号。把你的移动工作制度化将会帮助它们在你的市场媒体组合中占有一席之地，而且这也将帮助你把经验丰富的电子移动人才和可能不那么专业的媒体人才（这可能还包括你）整合到一起。在你的项目组织架构中配置有经验的伙伴非常关键，因为你可能还需要学习，但是你并不希望你的合作伙伴也需要学习。

一旦你的移动营销工作已经展开，你就可以开始考虑分散层级制度了：建立两个连接点，一个在市场端，一个在技术端。两头的负责人都需要向你报告，在做出重大行动时需要你签字同意，他们要能进行日常管理，确保你的移动宣传活动不偏离正轨，并且严格控制预算，沿着你已经设定好的发展计划实施并能持续改进。在你前进的过程当中，需要考虑两点：一是你要怎样通过形成一个治理团队（不管规模多小）来紧跟时代的发展，以此实现持续改革；二是你的策略要怎样实施并得到执行。

最后，尽管这个项目只需要由一个人主导，但是不代表其他人都不必参与。就像是当一个团队必须一起完成一篇评论时：很多人一起参与写作，但最终由一个人收稿签字并且对此负责。谁写哪个部分，谁来设定截稿日期，谁负责收稿，谁来编辑并且负责把不同的部分无缝连接起来，都由一个人负责指定。这个人不需要有精湛的写作技巧，但他知识涉猎要足够广，这样才能辨别作品好坏并且知道怎样将所有东西拼接起来。把品牌信息、移动营销市场及其周边服务整合到一起并且运作起来，这就是你应该做的事情。你要在移动宣传上多下功夫，而不要只顾埋头钻研。

马上要做的 5 件事：

01 去看看你有兴趣合作的公司的日常工作表现。确保找到合适的合作公司非常关键，可以通过打电话或者是在线搜索来完成。

02 清楚工作的执行者到底是谁：是公司内部执行还是外包？你要清楚为你工作的人是谁，他们的工作地点在哪里。因为在紧急关头需要做些更改或者快速沟通时，外包可能会导致延迟。

03 让你的意向合作方带你过一遍他们的QA（质量评估）程序，还有它在不同的发展阶段扮演什么样的角色，以及是否有其他现行的QA。

04 不断地问自己在团队以及技术方面做了哪些投入。在移动行业反应灵敏是关键，在平台和建立这个平台的员工上的长期投入很可能只能以月来计，而不是年。

05 看看你的合作伙伴怎么创新，怎样去跟踪将要进入市场的新设备、新服务和新的移动功能，以及他们如何把努力的成果体现到客户身上并让你知晓。

10

与设计对接：
从市场营销角度看产品

现在，你正迈入移动营销领域。你编制了预算，有了营销战略和计划，组建了团队，你对于自己的品牌在手机上以什么方式呈现也有了一定的想法——那么现在，你要弄清楚该如何实现你的想法。你应该在多大程度上参与到移动开发中的技术外观和使用感觉等细节中来?

本书在写作过程中始终为营销人员考虑。对于大多数人来说，需要的是基本的技术素养，不必过于专业。你需要做的就是让自己参与到围绕产品的对话之中，对即将发生的事有足够的了解，知道人们要怎么样进行互动，同时能够同技术团队交流你的想法。平面设计、用户体验、信息架构、测试以及部署工作的实施，都需要在技术团队、市场团队，以及开发合作伙伴和创意机构之间进行无缝沟通。

承包给开发合作伙伴，就是让他们进行技术设计和架构工作。所以，让他们放手去做吧。

定义成功的标准

进一步了解如何决定自己的活动所希望取得的回报类型，请参阅第16章。

项目简报不应仅仅体现如何开展活动、为什么开展活动，也应该明确如何衡量成功。简报中应包括开发过程中的长期战略。我坚持认为，所有的关键参与者均应参加第一次会议，在会议上根据整个过程各个部分的需要来确定每个人的角色，而不是让每个人都参加每一次会议，因为太多人的指指点点会降低你的效率。

不管你的成功标准是什么，都要从视觉和功能上对界面和用户体验有所反映。如果你的品牌是做零售行业的，那么就要把购买工具比如购物车放在一个显眼的位置。如果你想增加社交媒体流量，那么就要把分享工具放在紧靠分享内容的位置。如果你的目标之一是提高对不同产品的认知度，那你就要在网页或者APP上增加一个分类按钮，这个按钮下可以按照层级展示不同类型的产品。使用这种方法，可以利用比较有限的空间来展示对自己来说最重要的东西。

此外要了解开发团队还有其他媒体合作伙伴在之前的开发工作中，是如何定义网站和APP是否成功的。在网站或者说明文件上，应该包含流程解释的部分——你需要从一开始就对流程有一个清晰的把握。任何一个有很多活动件的项目都一样，即制订计划非常重要。要清晰地界定角色和职责，如有需要还应加以阐释。这会让每个人都能够专注自己的职责，也是你衡量发展过程中事情如何进展的标准。

从自己熟悉的地方入手：风格导向

大多数品牌都有一个风格导向，从整体风格到特定字体等所有事项有了大概的方向。当你和开发合作伙伴或者技术部门的人坐在一起的时候，和简报一样，首先要谈的事情就是风格导向。除非你有一个全新的公司，否则进入移动端时市场营销或者技术、设计都不应该是从头开始的。风格导向是工作的起点，也必须是项目的起点。

切记：有了风格导向之后，你还要开始想一想如何把这种导向付诸移动实践：移动网站、APP，还有优化的网站，可能要一个一个地建立，或者几个同时进行。

开始行动：简报

在移动领域开展工作就是一个交互的过程。而交流的第一步由你开始，形式就是简报，这个简报是第一次会议后你和项目团队的人一起做出来的，它应该包括：

——尽可能将你在移动端的目标具体化——销售、参与度、范围、新客户、客户保留、促销、客户管理——尽量让这些目标能以数字形式来体现。

——定义现有和潜在客户，收集社交信息、报告以及各种分析，用以确定客户的媒体消费习惯，以及他们在何处用手机都做些什么。

——一份对预算的描述，说明在实施和维护上是如何进行细分的。

——从审美和功能角度看，你的风格导向是如何转化成你的移动营销成果的。

——你的品牌面临哪些挑战。

——品牌形象的概述应该嵌入到风格导向中。

——是要开发安卓系统的程序，还是iOS系统的，还是两种APP都开发？是否会为Windows系统（微软视窗操作系统）手机进行开发？要记住，支持的移动设备越多，开发的时间就越长，成本也会越高。你可以选择放弃一些功能，而得到更大的适用范围；或者为了更深层的体验而选择接受较小的适用范围。

出色的创意和技术团队希望能得到尽可能多的信息——它影响着决策的制订，同时也让所有人能够同步前进。在大多数情况下，开发伙伴都会根据你的简报制订一个他们自己的简报，然后再把它反馈给你。这对于两个团队来说都是一个绝好的学习过程，而且会让一切相关工作都更加有效。

你的简报在内容上应该是综合性的，但是在结构上应该是松散的。不要非常确定地讲希望自己的应用程序看起来应该怎么样、感觉上应该如何，或者听起来像什么东西。你的简报说的应该是目标本身，而不是应该如何达成目标。而这些目标则需要你和团队共同制订。

为了呼应简报，还应当制订一个功能规范，即为简报中所涉及的问题提出解决方案，并把这些方案简要地列在功能规范中。提前征询是否有什么视觉上的处理方式可以显示关键界面或者用户流量，并且把相应的预估价格也放在上面，这样就可以提醒他们预算是多少。记住，这个价格不仅包含活动实施阶段的花费；还要告诉他们活动维护同样会花钱，让他们给你一个日程表，如果可能的话，还要让他们提供一个推进计划，让移动端从发布之日起就可以持续地成长进化。

比如，他们应该告诉你按照你给他们的预算可以将计划完成到什么程度，他们可能会给你提出建议，在未来六个月或一年内，在满足目标的情况下如何实现所设想的新功能。优秀的合作伙伴会专注于当前技术下可以做些什么，并且能够告诉你什么时候需要新设备、新功能，什么时候出现了新的系统错误，什么东西是冗余的，以及未来他们将如何把这些变化融入自己的工作中。这一阶段（包括每一次迭代）都应该包含一个用户流量表，以说明与用户互动的情况。

动手不动眼：用户流量图及线框图

对于要在移动端做的东西，你可能在头脑里已经有了一个大概的雏形。不过，进行移动设计工作，最好不要从视觉输出开始，不要给开发伙伴提供太多视觉方面的参考，不要告诉他们你觉得APP看起来应该如何。这些是由你的品牌风格来决定的。

用户流量图以及每块屏幕相应的线框图，都是移动产品的蓝图——在开始页应该设置什么按钮和链接，如何从一个页面跳到另一个页面，在你所提供的数字空间内用户体验如何。界面设计的关键部分就是简单直观的用户流量，它必须能够实现可视化输出，不要本末倒置。过早地给开发伙伴太多的美观方面的指导意见，否则会给他们太多的限制，或者让自己和团队有过多期待。

用户流量图以及在页面上展示内容的线框图通常不是很美观。这些往往是黑白原理图，说明用户如何同自己的移动产品进行互动，以及用户在手机上都看些什么。必须准确定位用户与你所提供的内容进行的互动是什么，这样才能继续进行实际的编程和设计。在制作后期对用户界面及互动方式进行的修改，往往比进行排版、颜色方面的修改要更加困难，并且肯定会花更多的时间和金钱。因此在设计的过程中，不要过早地把注意力集中在设计上。产品模型尽管看起来让人印象深刻，但实际上可能是一个预警信号：如果一个开发公司甚至没有给你展示过最基本的用户体验框架、信息架构及线框图——说明你在构建的是什么、为什么如此构建，就给你展示视觉上的产品模型，那么你可能会错过关键的步骤。如果还在甄选合作伙伴阶段，你一定要问一问开发公司在不同阶段会向你展示什么东西，问问他们之前是如何提供结构性文件的，是如何同其他客户进行合作的。

是不是觉得需要记的东西太多了？别担心——创建技术文档不是你的工作。知道找别人要文档就可以了，同时还要知道如何阅读和理解技术文档，要想想自己有多了解受众，并利用自己的相关经验做出决定。开发合作伙伴会有相应的员工进行具体工作，包括“信息架构”（IA）及“用户体验”（UX），这些人就是你的建筑师和向导。在项目进行的过程中，至少要在初期和UX、IA以及技术主管坐下来谈一次。告诉他们你的风格导向是什么，品牌的重点是什么，以及你要通过进入移动端得到什么。UX、IA还有技术主管可以依照风格标准，完善线框图、用户体验以及功能规格，然后同设计人员一起，将其转化成用户界面。

信息构架及用户体验能够指导界面设计，例如你正在打造一种购物体验，那么信息图表及信息结构就应该显示出浏览者是如何浏览目录、获取信息、选择产品、添加到购物车并完成交易的。发现、互动并分享内容的用户体验也是这一阶段要做的工作。不同的场景也会被引入，通过界面反映出不同的选项及需求。

做你该做的事

开发不是你的工作。但是，你要参与其中，有时候还要指出方向。不要妄想把简报交出去后就坐等APP、移动网页或者营销活动的完成。相反，你要花大量的时间选择一个拥有优秀人才、最好的平台、最棒的产品方法论的合作伙伴。通过他们以前的项目来看看其流程如何，要保证一步一个脚印，并且走得顺畅。

如果能就品牌形象和市场目标进行充分沟通，那么一个优秀的开发合作伙伴就可以同你和你的团队共同努力，创造出卓越的移动产品。一个出色的合作伙伴不仅会把你的资产和目标转变成企业在现有终端设备上的增长动力，如果你能维持这种合作关系，他们也会一直陪着你适应未来变化，将你的内容呈现在未来会出现的各种平台上。

马上要做的5件事：

01 很多品牌风格导向内容都可以从网上下载，所以在网上搜搜品牌风格指南或者品牌宣传册，看看其他企业是如何建立视觉指南和标准的。

02 在开发阶段，所有的流程和信息架构图必须保持更新。如果做出改变，确保所有路线图都体现出这些变化。

03 IA和UX需要从一开始就贯穿整个项目的开发，开发过程中的所有变动都需要无缝适应最终产品。

04 流程图和UX文件可能看起来像是20世纪80年代的音响线路图，进行仔细审核时不要觉得奇怪——你要理解项目中所有图表。

05 优秀的UX和IA专家可谓是凤毛麟角，不容易找到。因此如果你能找到一个让你的品牌和所有的事情变得清晰而简单的人，要尽量维持好与他们的合作关系（也许在合适的时候可以将这些人试聘到自己的团队中工作）！

59%的手机用户都对移动端广告习以为常，对他们来说，这与看电视广告和网页广告没什么两样。

59%

11

制作材料：移动端生产的基本要素

作为营销人员，你可能不太会参与到生产和执行的细枝末节中去。但如果你是项目主管的话，就需要清楚自己的情况。

了解自己的规模

如同T恤有不同尺码一样，移动营销活动的规模也大小不一。当你开始考虑投入生产时，第一件要做的事就是确定你自己现在的规模，以及你想要达到多大规模。你能投入多少？你的目标群体是哪些人？要从市场营销转化为销售业绩，你都需要做些什么？

以下这几个规模类型基本可以算是一个个独立的方案，而不是层层递进的关系。从小规模开始当然可以，但是如果你已经“尽你所能地小”了，却还是很“大”，那从这样的大规模开始也不失为一种选择。需要解决的问题是：以怎样的规模开始才合理，以及怎么在此规模上开始生产。

小规模

私营业主、企业家和本地小型企业也许会青睐小型移动市场营销，尤其在第一次进行尝试的时候。你处在测试学习阶段，这是一个小型的赌注，在此阶段的所有学习积累都是有好处的。

小规模生产意味着你可以使用价格偏低的或者免费的现成软件开发工具，比如Apply、AppMakr、BuzzTouch、goMobi或者Appsbar。除此之外，在此阶段你应该充分利用移动友好型的博客平台，比如Tumblr，你能用Tumblr上免费的移动优化主题和模板进行定制。

中等规模

对于中等规模的移动市场营销活动，你需要引入外包商来建立框架并且协助你的团队。这个外包商可以是全职的小承包商或团队，也可以是整个开发工作室。你关注的应该是与你现有的媒体和渠道整合的移动策略。你可能要让这些承包商为你从头制作一个移动网页或者全新的APP，但你要明白，营销的捷径就是合作开发或者获得授权使用现成的APP和模板，并对其进行改造以符合你的品牌需求。改变现有游戏和应用程序的玩法（这个过程被叫作换肤）远远比从头开始新建容易得多，这就是所谓的开源或者成品。你可以探索并使用现有产品的基本系统和结构，来确认它是否满足于你技术上、功能上以及市场上的需要，然后将这个产品包装成它自己独有的样子和感觉。比如，AppCarousel和Appy Pie这一类网页能让你搜索拥有定制功能、符合你需求的供应商。

大规模

当移动营销活动已经逐渐成熟，或者是公司逐渐壮大后，你可能对营销拥有更多的控制权。实际上，当你规模变大时，你已经从雇用承包商和服务供应商开始转向培养自己的开发、战略数据（分析）团队了。在此阶段，你要经常地从零开始量身定制移动工具。你已经有了进一步的移动策略，同时你也拥有了专门进行产品维护的员工。而且随着开发的进行，你还会拥有一个规模不断扩大的多年移动策略。要达到这样的大规模，你需要深思熟虑，意志坚定，因为可能必须要等到下一轮预算，你才能开始着手建立自己内部的一些团队。

生产的第 1 步：优化网页

优化网页以适应移动端至关重要，这是对每个公司的最低要求，而且这比开发APP要容易、快速得多。所以，如果你不知道从哪儿入手，那就先做网页吧！将任务布置给那些负责在线产品的人员，从社交端到网络端，都要确保你的网页达到如下标准：

——优化移动端搜索，移动端搜索和在电脑上搜索不同！

——提升实用性，特别是针对那些小触摸屏。

——结合定位工具，根据不同的产品看起来可能会有所不同。

怎样创建基于定位的移动营销思路，参阅第8章。

实用性

当你在进行移动设计时，需要问自己的第一个问题是：用户在进入这个网页的时候会做些什么？比如，如果你是实体零售商，你的客户很可能会使用移动设备寻找你的地址还有营业时间，那么这些信息就需要在你的移动网页上被清晰地标注并且置顶显示。当你的客户需要在这么一个小小的移动设备上通过浏览很多网页才能得到他们本以为轻轻松松就可以搜到的信息时，本该很惬意、实用的体验将会变得令人沮丧、惹人生厌。

如果你在移动设备上访问一些由传统出版商转换而成的网页，你会看到一个电脑端网页的完美复制品，只不过因为移动设备屏幕有限而缩小了。你可以通过放大功能来阅读文本中较小的文字，但是很难让整行文字显示在屏幕上，并且还能看清楚，因为这个网页设计的初衷就是在更大的个人电脑屏幕上观看的。这样的品牌没有把太多精力花在移动端上。这就是为什么Buzzfeed（一家美国的新闻聚合网站）、《华尔街日报》和Net-A-Porter（一家时尚奢侈品专卖网）这样的品牌都有自己的移动网页，甚至有的品牌还会有专门的APP。

我们有很多方式能够在移动端做出免费、简单的东西，比如利用像Wordpress这样的博客平台。我们要搜索那些免费且比较耐用的，已经移动优化过的移动博客模板。但如果想要在设计上拥有更多的控制权以及更多的网页数据分析，那么你就需要做一些投资了。

目前广泛应用的移动策略叫作响应式设计。基本上，电脑版和移动版共享网页的源代码或HTML（超文本标记语言）。这代表你不用重新制作网页，大部分情况下，你可以改变网页的HTML码，并且修改或者直接移除原本与移动设备不兼容的功能，比如Flash功能。所有这些工作都需要你的CSS(层叠样式表)来完成。CSS负责把你网页的HTML代码进行组织然后把输出内容转换到屏幕上。当你落实了响应式设计，在用户进入网页时，CSS可以自动探测到用户使用的是哪种大小的设备，并且选择相适应的CSS来做出应对。这是最优的解决方案。这需要用到一些高级编码，但是对于专业的程序员，这花不了太长时间，而且成本跟其他选择也差不多。你也可以设计出一个完全独立的网页，然后自动把移动设备访问者引导过去。这种网页的内容通常比主网页的少，并且为了方便网页滚动，通常会设计成垂直排列。也许你会认为建立一个响应式设计要比创造两个编码、两个网页好得多，但是你要知道多一个移动端的网页在某些方面是有其优势的。举个例子，如果你不需要将一些移动设备上特有的功能也放在电脑端网页上，或客户在使用你的移动端产品时与使用电脑端产品的方法截然不同，那么你将会更偏向于拥有完全独立的两个网页。

生产的第 2 步：合适的下一步

你已经优化了现有网页或者是创建了一个移动网站，现在，你该不该开发APP呢？你真的需要它吗？很多公司在要不要开发APP这样的决定上感到“压力山大”，仿佛这是一个全新的需求，然而它并不是。开发APP也许很昂贵、技术含量高，并且在很大程度上受到应用商店的控制，同时还需要维护，而且很多时候它会被人们忽略。那么，你怎样知道你需不需要开发APP呢？

——如果你设想的用户体验涉及手机独有的功能，比如陀螺仪、话筒、照相机或者加速计，而基于浏览器的应用还不能提供这些功能，那么你就需要开发APP。

——如果你的客户需要高频率地使用定位服务内容，你也可能需要开发APP。网页产品确实可以启用手机定位系统，并且具有位置查找功能。这就是为什么你用手机浏览器访问www.maps.google.com时，会有弹窗出现，问你是否允许谷歌地图使用你的当前位置。然而，只有当你在打开网页并且活跃在浏览器上的时候定位追踪才有用，它无法在你用手机做其他事情或者处于待机状态时在后台运行。所以如果你需要用到移动设备上的导航功能、玩寻宝游戏或者其他需要持续用到定位功能时，你就需要一个APP。

——如果你需要及时联系到你的客户，APP及其推送功能就能帮你解决问题。例如，在机场时，我不想通过一直查看我的电子邮箱和航空公司的APP来了解航班变动信息，而希望在有变化的那一分钟手机就应该通知我。在这种情况下，电子邮箱都显得不够及时，我需要的是航空公司能强行介入我手头在做的事并尽快通知我相关信息。定制服务满足了实用性的需求，并且在这个过程中建立起了客户忠诚度。

成功APP的四个标准

尽量从简！一个好的APP只会专注在某个特定方面，或者是一组联系紧密的事物上，然后把它做好。要了解业务人员正在移动端做些什么、愿意做什么、想要做什么，同时也要留心你的竞争对手所提供的产品——使客户生活便捷的功能是非常有竞争力的。那些成功的银行APP，在树立精确目标方面做得就很好。虽然你不能通过移动设备来申请住房贷款，但是谁会在移动设备上申请住房贷款呢？成功的银行APP重点在于让用户能查看自己的账户、付款、转账情况，并且迅速获得基本信息。这么一来，我会觉得这个APP懂我，并且恰到好处地只知道我想让它了解的。正是由于它的简单直接，所以它更像是个聪明而善解人意的朋友，而不只是一堆手机上的编码。

要设身处地去考虑。切记，你是在为移动设备做设计，所以你的用户很可能也在移动中。你提供给用户的体验应该是短小精干、娱乐性强，或者是有实用价值的。记住，移动设备有着高度精确的GPS定位系统、照相机和麦克风、手势探测，并且可以接入社交媒体。

更多相关移动电话单功能，请参阅第3章。

要保证运行正常。没人喜欢性能不靠谱、不稳定、不实用的APP。如果你的APP是为安卓系统设计，你要特别留意，要让那些功能在所有安卓设备上都能运行流畅。

千万不要忽略台式电脑

移动化或者说移动优先不意味着我们要低估台式电脑的力量。人们现在使用移动端做一些以前只有PC端才能做的事情，而这个频率基本和人们使用台式电脑和移动端媒体互动的频率一样。比如，人们用网页搜索APP的频率和直接在应用商店里面搜索的频率其实差不多。他们会使用谷歌或者是必应这类搜索引擎去搜索评价、名字、技术问题以及兼容性问题。所以你要保证你的移动营销达到下面几个标准：①从台式电脑也能登录，至少能在台式电脑上显示网页；②充分优化搜索引擎，以保证客户在搜索时第一眼就可以看见你的品牌。

短信营销

现在APP可能非常盛行，但是在直接跳到APP开发之前，先考虑一下是否要进行一个简单的、以文字信息为主的营销活动。虽然以文字信息为主的营销活动看似没有APP或者移动网页那样令人惊艳，但是如果能通过文字与你的受众群产生联系，这也不失为一种好方法。优秀的移动营销活动文案要遵守法律，这样才更具优势。

对大家来说都毫不费力：不需要出版发行，也不需要取得应用商店和Google Play（谷歌为安卓设备开发的在线应用程序商店）的许可，而且营销活动可以简单到就像在一张纸上写上“输入X发送到Y，得到Z信息”一样！

对用户来说也很简单：不用下载，不用流量包，也不需要有浏览器。他们只需要把电话号码给你。

没有必要一定是智能手机：不是每个人都有智能手机，但是任何一部移动电话都有短信功能。这意味着你的品牌还可以锁定没有智能手机的那部分用户和他们所代表的人数有限的客户群。

它是分散化的：没有必要把客户集中到一个中心枢纽，比如商店、网站或者是APP，你也许只需要发送一条简单的信息。如果你的情况如此，短信宣传也许是最完美的方式，客户几乎可以在任何地方接收、发送或者订阅信息提醒服务。

可存在于实体空间中：你要做的只是在海报、宣传册、广播或者声明中加上一小段文字而已。短信可以有效地将人们召集到同一个活动中，比如游戏、音乐会或者集会。或者在你的店里放上文字宣传，这样你就可以为现有客户群创造一种更加丰富的体验，并让他们记住你。下面是一些很成功的短信营销的案例：当用户想要直接回复或者需要信息提醒时，短信是非常有效的。

> 投票：《美国偶像》是成功地普及了“短信投票”功能的第一个美国真人秀节目。当每个参赛选手表演完后，电视屏幕下方就会显示：“发送短信至555为杰西投票”的字样。如果你投了票，你会收到一条据说

是由杰西亲自编写的短信回复，感谢你为她投票。这是一个与受众产生联系、非常简单且行之有效的方法。短信功能为该节目带来了世界性的成功和不可小觑的利润。

出票或者其他形式的赎回：现在很多场合都能接受用短信代替纸质票入场，即用户只需要亮出手机就可以入场。这样既环保，又简单安全。毕竟，同弄丢电话相比，你更有可能丢的是那张小纸片。

高实用性信息：天气、交通状况、星座运势、赛事比分这样的信息都需要实时更新——所有这些都很容易用短信群发。

活动参与：需要潜在参与者提供的信息越少，他们就越有可能参与到你的活动中来。一条短信应该是最简单的了——只要让人们发送特定的数字就能参与，然后将他们的奖品发送过去。

注意法律和道德层面的问题

你已经拥有业务上的法律顾问。像其他类型的市场营销一样，移动营销也是会涉及众多不同的渠道以及潜在的各类受众，你应该对法律问题给予应有的重视。

移动营销有它独有的法律复杂性。媒介正在快速成熟，但我们仍然不清楚在移动端允许的范围内，到底能在多大程度上进行个人接触。随着时间的推移，各种法规可能会逐步改进，诸如移动营销协会这样的组织，正致力于提供行业规则指南。所以专业的开发者们也应该在营销过程中注意道德层面以及法律层面的问题。

社交媒体提供了与移动消费者互动的交点和平行线，所以同样也要密切注意这个领域发生的事。

商业行为必须伴随最新的移动行业相关立法，并且在法律允许的范围内开展营销活动。开始着手学习移动营销相关法律的方法之一便是全程都让法律顾问参与，无论是开发移动营销渠道，还是制作要放进移动渠道的内容，都应让其参与。留心法律指标与你的业务可能会一起逐步发展，但最重要的就是保证合法性，这样既保护你自己又能保护你的受众。

想知道更多移动营销中法律方面的注意事项，请参阅第15章。

马上要做的 5 件事：

01 在移动设备上登录几个你喜爱的网页：看看不同设备上网页的外观是否有所不同？如果有不同，它们又是如何变化的？

02 从案例分析视频上学习和借鉴一些成功的移动营销活动案例。比如Digiday、Mashable、mobiThinking、YouTube、Digital Buzz Blog，还有 Cannes Lions Archives 这些网站都值得推荐。

03 找一些与你想法相似的APP、宣传活动和其他营销活动，并把这些分享给你的团队。

04 与法务部门交流。你要与法律团队保持密切沟通，并且保持信息渠道畅通。有备无患才是上上策。

05 在完成以上这些事情之后，与团队分享你对未来的规划，起草一份框架，阐明你想要的移动宣传活动应该是什么样的，要营造何种氛围，以及该如何实行。这份文件也将会成为最终你跟开发团队沟通的方法之一。

18~24 岁的人群，有 35%都是通过扫描二维码来获取信息内容的。

35%

第四部分 保持吸引力

12

“至爱品牌”：吸引力法则

“万变不离其宗。渠道的迅速增加，包括社交渠道的增加，都不会改变对人们有重要意义的基本事物。人们挚爱的品牌伴随着梦想，它一贯具有公正性，且有多种方法通过多样化的渠道将品牌故事展开。利用手机屏幕这样的新兴渠道时，不该导致品牌宗旨和品牌意义的改变，而该借此找到与此空间内的受众联系的最佳方式。”

凯文·罗伯茨

盛世长城国际广告公司全球总裁，

“至爱品牌”创始人

移动营销作为一个新渠道，有它特有的机遇和挑战。这也是为什么你会来阅读本书。但是有些东西是不会随之改变的：你仍然需要建立情感上的联系，你仍然需要讲述动听的故事，你仍然需要做出优秀的产品，你仍然需要让自己变成盛世长城公司所说的“至爱品牌”。

一个“至爱品牌”不止是一个普通的品牌。普通品牌的所有者是公司、股票持有人，还有品牌经理，即产品的制造商和市场营销人员；“至爱品牌”则属于消费者——即选择该品牌的人和用户。

大多数市场营销人员试图把精力放在理性呼唤上，想通过这种方式让人们购买产品：把不同的产品放在一起，进行不同参数、规格以及各种功能的对比。盛世长城公司创造出的“至爱品牌”改变了这种对话方式，“至爱品牌”不止是一种品牌塑造的新思路，而且是一个关于想法、观点以及产品本身全新的交流方式。“至爱品牌”的关键在于进入人们的情感中心。

只要一个品牌能带着爱去交流，能激发受众心中的爱，那么这个品牌在所有攻击品牌的炮火之下（包括价格、质量、性能、技术以及适用范围）都能够依然强大。而这种品牌就是“至爱品牌”，“至爱品牌”的胜出，靠的是情感驱动下的消费，而非精打细算。

也许你觉得这听起来挺傻或者很矫情。但是至爱品牌不是愚蠢的矫情。它不是柔化滤镜，不是舒缓音乐，也不是陈词滥调。盛世长城公司全部业务的方向都是要把普通品牌转变成“至爱品牌”，不是因为“至爱品牌”听起来好听，而是因为“至爱品牌”是经过实践验证过的。

2002 年获得诺贝尔经济学奖的心理学教授丹尼尔·卡尼曼认为，情感，而非理性，是进行经济决策时的首要因素。前美国联邦调查局谈判专家克里斯·沃斯说：“人类不能保持理性。”杜克大学的研究人员已经确定，大脑中负责

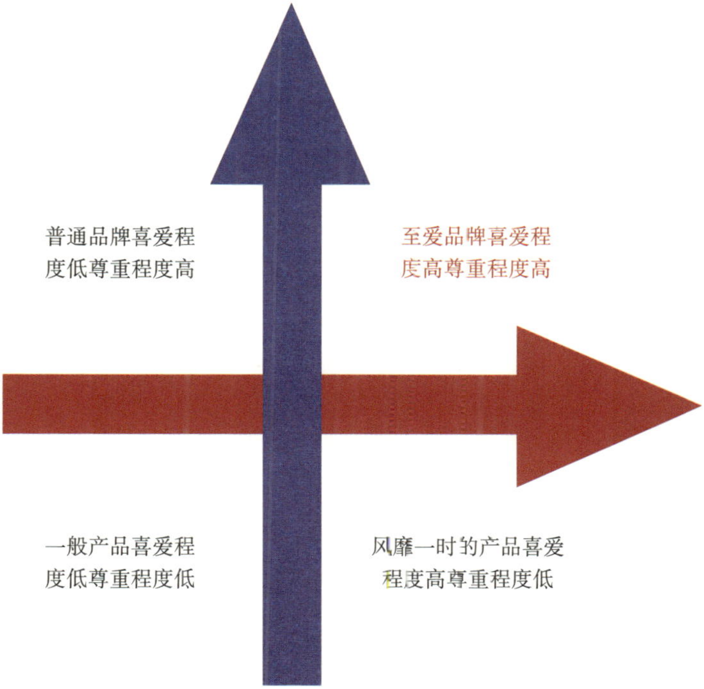

评估一件物品价值的区域也同时负责产生对该物品的情感。换句话说，价值和情感本身是密不可分的，甚至在神经学层面上也是如此。

“至爱品牌”就是这样一个强大的、能激起情感的存在。但是作为营销人员，我们也需要有可量化的方法去探讨“至爱品牌”，“至爱品牌”都包含些什么，它如何发挥作用。盛世长城公司评估品牌的方法叫作“喜爱/尊重”坐标。

对市场营销来说，“至爱品牌”不是一种软弱的手段，因为如果太软弱无力，人们才不会让你触碰到自己的情感。消费者对于什么东西是值得自己付出感情的有着严苛的标准。怎样才能在移动环境中创造出强大的情感共鸣呢？让我们回到构成至爱品牌的3个关键元素：

神秘感 | 感官享受 | 亲密度

每一个“至爱品牌”都会利用这3个元素去营造并加强与受众间的联系。

神秘感：有什么样的故事？

你从哪里来？到哪里去？接下来会发生什么？对于任

何一种交流来说，最基本的就是讲故事，每一个好故事都包含着神秘元素，包含着一个让听众每天都想聆听的秘密。

如果你还没有让自己的市场营销方式适应移动端，那么你很有可能会觉得移动设备有局限性，这就大错特错了——移动设备为故事的诉说提供的功能和方式令人目不暇接：APP、游戏、微博营销活动、移动端优化网站、促销活动以及各种活动等。你要做的就是学会使用这些东西。更重要的是，手机上几乎每一种功能都有一定的互动能力，不论是玩游戏、参与微博营销活动、转发内容，还是从移动设备上直接购买产品。

在打造自己的品牌故事时，一定要记住，谜底是由你揭开，但是故事本身既属于你也属于受众，因为移动设备让使用者也成了故事的一部分。这是你在其他线性媒体上无法找到的用来讲故事的工具和性能。邀请受众进入品牌的生命、活力和故事中——让他们能够亲近品牌——这种能力，就是移动端为何能成为通向“至爱品牌”的有效通道的原因。

感官享受

“至爱品牌”的第二个属性就是感官享受。视觉、听觉、触觉、嗅觉和味觉，你的品牌、产品是通过何种方式来刺激人们的感官的？这五种感觉很少被同时激发，并且也不是所有的品牌都需要或者想要激发这全部五种感觉，但是你要知道这是有可能的。例如，在电影中，有电影的图像和声音，有约会对象握着你的手，有爆米花的香味，还有糖果的甜味；在商场里，看得到各种展示的商品，听得见每家店铺内播放的音乐，摸得到你想看的产品，闻得到新衣服的气味、空调的气味以及无数其他的气味，尝得到美食广场的食物；在手机上，最重要的感官就是视觉、听觉和触觉。

最容易理解的可能是视觉。你在移动端做出的东西是否进行了美化设计？是不是确切地传递了它的用途，以及用户可以通过它来做什么？它看起来是不是新颖独特？即使你的工作主要是基于短信完成的，你仍然需要在字体、间距以及颜色方面进行一定程度的美学设计。

更多关于同设计团队交流界面设计的内容，请参阅第10章和第11章。

接下来是听觉。声音对于营造一种沉浸式、全方位参与，甚至身临其境的体验至关重要。想象一下，你正走在一条繁忙的街上。你想要在智能手机上玩游戏、发一条信息，或者用手机做其他事情，但是却很难集中注意力，因为街上人群嘈杂，叫卖声不绝于耳，这些都会分散你的注意力。在如此嘈杂的环境中很难把注意力集中在你想做的事情上。然而如果戴上一副耳机情况就全然不同了。刹那间背景声音变成了一种单一而协调的体验，让你可以把注意力高度集中在自己想做的事情上。

在游戏中或者在一个富交互环境里，要想营造有说服力、身临其境的体验，声音的作用十分关键。移动设备的相互连接，带来高度的交互性，使得我们以为自己大脑的一部分已经穿越到了另一个时空里。例如，当我玩“愤怒的小鸟”时，我的大脑几乎把全部注意力都集中在了游戏上。

最后是触觉。这是为移动端创造能量的一种感官，它是一种区别于其他媒体的感官吸引。在移动设备上点击，其意义远大于用手指在小屏幕或者键盘上打字。触碰，点击，滑动——我们的手指总离不开移动设备。我们通过触碰的方式来操作移动设备，我们也是通过触碰来同它交谈。更重要的是，即使不触碰屏幕，人们也经常会把移动设备握在手里——用设备自带GPS在一个陌生城市进行导航，用手机听音乐，抑或是等待一个重要的电话或者短信。

例如：

移动游戏：

移动游戏十分流行，但是业内仍有一些人持怀疑态度，认为移动端不是一个有活力的游戏平台。当然并不是因为移动设备的功能不够强大，最新的智能手机已经强大到可以支持3D以及一些复杂的程序，而且作为一个传播平台，移动端能够联系数以百万的人。

但是对于很多游戏玩家来说，成为“至爱品牌”很重要的一点就是能在手指之下感受到游戏控制杆，感受到操作时那种精确的移动。所以游戏产业也竭尽全力地试图在移动设备上找到复制操纵杆或者控制杆的方法。

在平面屏幕的控制传感器区域内，无法实现通过触摸就识别出手指的位置的功能。因此，一些公司发布了插件扩展，包括模拟控制杆，而这些产品品质都很低劣，但却价格昂贵，而且一般只能兼容一两个特定的游戏。

独立创意者首先对这种论调提出挑战。他们问道："到底为什么要在移动设备上复制出控制杆？"移动设备不是游戏控制台。移动平台天生就和游戏控制台有所不同，它有自己的长处和短处。也许移动设备的触屏不能像操纵杆那样操作，但可以做其他的事，而这一切的实现只需要你的想象力再丰富一些。

一个名叫BeautiFun的西班牙小型独立工作室，决定不在自己的游戏里设置方向控制杆。在其制作的游戏《诅咒世界大冒险》里，游戏玩家用手指涂上"生命的色彩"，帮助角色在支离破碎的世界中找寻正确的方向。《诅咒世界大冒险》拥有所有"至爱品牌"的属性。

神秘感：游戏里的角色是谁？这个世界发生了什么让这些角色变成这样？

感官享受：触碰手机屏幕会对这个世界产生实实在在的变化，用手指在地面上滑动会产生火、冰、黏性地面以及其他更多的变化。

亲密度：《诅咒世界大冒险》的故事融合了感官享受以及高度的控制，共同创造出一种亲密的、强大的体验，也让游戏在应用商店中得到五星好评。

通过《诅咒世界大冒险》的成功，你应该明白自己没有必要对移动端这样的平台心生恐惧。你反而应该兴奋！那儿有一个全新的令人兴奋的空间，能让你去创新、去尝试新事物。

营销者们，你们是不是还在拼尽全力试图在移动端做控制杆？也许是时候进行范式转换了。要在手机上尝试新的方式，而不是试图把老方法套用到手机上。在新空间里释放自己的创造力，很快你就会拥有自己的“至爱品牌”。

亲密度

最后一个所有“至爱品牌”所应具有的属性就是亲密度。以前我们总是告诉客户他们想要什么，大声地、咄咄逼人地进行单一渠道的营销活动。这样的广告方式已经一去不复返，换句话说，像电视剧《广告狂人》里面的那种广告方式已经过时。从交互视频到3D打印，尤其是再从3D打印到移动化，所有的产品都变得以消费者为导向。

客户要觉得你的产品是他们自己的，你的产品在他们的生活中要有高度的个人属性和很强的亲密度。作为一个市场营销人员，你可以从以下几个方式入手营造这种效果。首先，最重要的就是要做出好产品！好产品加上好故事，总能引人注目。但是移动端还有其独有的方式可以帮你，让客户觉得你的产品很专业，很能带来亲密感。

培养这种亲密度，你还需要有同理心，无论是对产品还是对受众，要从消费者的角度来思考。不要告诉消费者，他们需要什么；而是问问他们，他们需要什么，然后从他们的回答入手。这就是盛世长城公司董事长鲍勃·席勒特最喜欢说的话。从回答入手，问对问题后再进行逆向工程。在市场营销里，我们称其为“货架反馈思维”，因为它是从已经完成的产品入手，然后反过来再去塑造产品。在移动端，你可以把它想成是应用商店货架反馈思维。设计流程不是从工作室开始，而是从购买点开始。当然，货架反馈思维的起点不是货架，而是开始于一个人从货架上买某件东西，或者浏览货架上的物品。我们管这种营销叫作“一对一营销”。

如果《广告狂人》中的唐·德雷珀进行一对一营销，就绝不会陷入困境。《广告狂人》里面的营销风格是在一对多的传播模式中，以宣言式的单方面表述进行传播。但时至今日，人们已经不再只想被动地聆听。所以你需要找到一些方式同客户或者潜在客户，在个人的、一对一的层面上进行沟通，而移动平台恰恰可以提供很多这样的方式。

此外，人们不想和公司进行交流，他们想和其他的个体进行沟通。最好的广告人已经找到方法，利用具有高度针对性的调查数据、复杂的数据算法、交互媒体等，量身打造自己的品牌信息，让自己的品牌直接同个人进行沟通。

移动端的“至爱品牌”

从另一个角度讲，移动设备也是强大的“至爱品牌”渠道——移动设备本身就是“至爱品牌”。想想人们是怎么看待自己的智能手机的：

75%的美国人会带着手机上厕所。——摘自《马克 11》

在美国，29%的手机用户称“自己的生活离不开”手机。——摘自《皮尤互联网与美国人的生活项目报告》

今年智能手机在全球的发行量将达到10亿部。——高特纳咨询公司

在“至爱品牌”的网站上（Lovemarks.com），我们收集了很多案例，记述人们对不同品牌超越理性的喜爱。苹果是其中被报道得最多的品牌之一。这种现象是有原因的。20世纪90年代末，苹果掀起了计算机行业的革命。它是怎么做的？苹果把电脑做得漂亮了！时尚的外形以及简单直观的用户界面，一下子让电脑走入了数百万人的生活中。当你手里拿着一部苹果手机，手指穿过手机边缘轻轻滑动不同的APP时，你能感觉到，创造如此神奇设备的人懂得给人感官享受，也知道如何讲故事。

即便是那些认为自己并不很依赖手机的人，在突然找不到手机时也会一阵慌乱。移动设备的功能多具有个性、有效且易携带的特质，这些特质让手机成为人们离不开的工具。但就是神秘性、感官享受以及亲密度这些移动设备的属性，让手机从一个简单的工具变成了一个“至爱

品牌”。如果你可以让你的品牌也成为移动设备上的“至爱品牌”，这可称作“至爱品牌”的问世，可以让其威力倍增。

马上要做的 5 件事：

01 读读书：《至爱品牌》这本书以及其中所收集的相关案例都可以证明，“至爱品牌”如何在现实世界中起作用的。

02 我们已经强调过将品牌故事活灵活现地贯穿于移动端的重要性。那么你的品牌故事中，有什么东西可以让人“坠入爱河”？

03 想一想如何能够通过听觉、触觉、视觉激起用户感官上的享受，让你的品牌故事变得生动起来。

04 APP 上线后你加大参与度，推进一对一参与的方案是什么？

05 鲍勃·席勒特的《从答案开始》是一本非常好的书，和本书以及《至爱品牌》相得益彰。

50%的用户只在移动端打开自己的电子邮箱。

摘自ClickZ网站。

50%

27%的手机用户在店内使用手机查询商品价格，看看自己是否可以在其他地方以更实惠的价格购买产品。

27%

13

与受众进行沟通

20世纪60年代，电视剧《蝙蝠侠》有个固定的套路。每周放映两集，每集时长一小时。每周三都会开始一个新的故事，出现一个新的坏人要蝙蝠侠去打击，还有一个新的阴谋要他去粉碎。一般在第一集快结束时，剧中的英雄们都会深陷危机——蝙蝠侠寡不敌众，罗宾被捕，哥谭市陷入危险之中——“这会是活力双雄的末日吗？”旁白会说，“下周二同一时间同一频道请继续收看。”

每个故事都需要有点曲折的情节、急转上升的剧情、扣人心弦的紧张气氛，直至高潮，然后结束。但如同留下如何找到这个故事的信息很重要一样，与故事本身同样重要的就是要告诉你的客户，他们应该如何找到你的故事。

营销者们，即便你的故事中没有一个令人战栗的声音来做旁白，你在移动端做出的东西也会成为蝙蝠侠中的活力双雄。那么你要如何将你的客户引向你自己的蝙蝠侠时间和蝙蝠侠频道呢？这里给你几个非蝙蝠侠的渠道。在这个极度个人化的渠道中，与客户的沟通交流显得尤为重要。这不再只是围绕你的品牌和产品，更多的是看你如何互动，如何清楚地表明自己的目的。你将要让受众允许你进入一个对他们来说非常私人的空间，即进入他们的口袋里，所以清晰易懂的交流必不可少，而最重要的是要对这段特别的关系该如何维系有一个诚实的态度。

APP数据：应用商店里的描述。如果你正在做一个不久后就打算下架或者只在特定期限内支持使用的APP，那么请务必将这些信息加入你的APP数据中。这个方法适用于那些在特定周期后就会失效的短期促销活动中。

网站：如果你想在网站上表明你有移动端的成果，或者网站本身只是临时的，那么你需要在非常显眼的地方标出有效时间。

实体广告：海报、宣传册、新的文章 —— 任何非数字化的、对你的APP或者移动端成果进行讨论的东西，都需要同时囊括以下信息，即此次营销活动何时上线、何时截止、参与者能看到或能做些什么等信息。

条款和细则协议：在网站上注册时，我们都会看到下面的话："通过点击'好的'或者'接受'，你将同意我们的条款和细则。"从用户的角度出发，这不是个愉快的过程。但这不仅是一个必要甚至是很实用的方法来告知目的并进行说明，同时从法律角度看，这也可能是你必须要做的事。

更多有关法律问题的细节内容请参阅第15章。

保持直率与准确度

比如，我有个客户叫迈特，他是卖咖啡的，还有一个网站，网址是mattsellscoffee.com。我们正帮他进行新口味产品的推广。时下营销者们普遍会想到的办法是专门为这种口味做一个微型网站，之后再从主网站mattsellscoffee.com上为这个暂时的促销网站引流访问量。建立微型网站基本上就是个噱头，做起来也确实相对容易一些。但同时这也像是把店开在一个人烟稀少的地方，而不是选择开在客户经常会去的繁华商业区。

我已达成了什么样的长期互动关系？就拿我引导人们去访问迈特的网站来说，在把他们带进城里的顶层豪华公寓之前，我先把他们送到了乡下。以微型数字化来重新定向客户或者偶尔误导受众，其实是个比较矫揉造作的方式，我从来都不喜欢。在移动端做一个暂时性的东西实在没多大意义，最好的移动端市场营销应该是实用、便捷、直接的。为新产品、新服务或者新概念上市专门设计的数字化活动似乎是个好主意，因为它刚上市时溅起的水花可以造成一时的“水花效应”，但要注意，你不但要把所有移动营销工作同其他营销活动紧密联系在一起，也同样要让它符合现有的以及未来的移动端市场营销。在创立暂时性移动端业务时都应该以这样的思考模式作为出发点，你想建立的是与客户间长期深入的移动端关系，说到这儿，就引出了下一点。

创造你的“神秘盒子”

身为导演和作家的J. J.艾布拉姆斯热爱创造他所谓的“神秘盒子”。他在电影中的惯常做法是，设立一个终极秘密，然后所有故事情节围绕它来开展。观众们并不知道那个秘密是什么，他们唯一知道的是肯定有个秘密藏在里面。这就像是他们能看见那个神秘的盒子却没法知道盒子里装的到底是什么。而观众通常越看这个神秘盒子，就越想要知道里面装的到底是什么。

你会发现艾布拉姆斯将他这招神秘盒子的技巧也搬到了他的广告宣传中，围绕电影中的故事展开广告宣传。在他2013年的电影《星际迷航：黑暗无界》首映6个月之前，他在柯南·奥布莱恩的脱口秀节目中露面，并承诺可以播放这部电影的一个小片段。粉丝们都兴奋无比。而结果却是，他所谓的“一个小片段”名不副实——放映出来的影片只有5帧那么长，也就是说连半秒中都没有。粉丝们都疯了——而这正是艾布拉姆斯想要的结果。

而这个噱头大概已经成功引起了大众对这部即将上映的电影《星际迷航》的兴趣。但是J. J.艾布拉姆斯手里有两个大部分本书读者没有的砝码：（1）他是大名鼎鼎的J. J.艾布拉姆斯；（2）他所制作的是大名鼎鼎的电影《星际迷航》。

在广告宣传中营造神秘感是件好事儿，这也是我们为客户品牌发展业务时常用的试金石之一。《星际迷航》和与它类似的其他影视系列，例如《蝙蝠侠》，都是世界上最大的几个“至爱品牌”。人们对这些影片的热爱，早已无法仅用不理智来形容了，简直可以说是狂热。从这个层面上来讲，营销者们需要尽量不透露任何信息。因为如此一来，人们就更有可能会谈论他们对这些品牌的热爱，而不会去关注这些品牌是不是被过度宣传了。

但营造神秘感也有被反咬一口的时候，那就是在人们觉得自己被你耍了的时候。从 21 世纪早些时候开始，一个越来越普遍，同时也让人觉得很烦的倾向就是制作虚假广告。这些广告把人们引到一个假的网站，然后人们才发现自己看的这些广告其实与他们的产品和服务根本无关。这时候“神秘盒子”就变成了“愤怒盒子”。因此一旦赢得了通向客户的道路，进入了非常私人化的空间，你就要诚实对待这段关系。有点神秘感很好，能够引出一些会让客户出乎意料、喜出望外的东西也很不错——但如果最终让顾客觉得自己很蠢，那么这件事的性质就不同了。尤其是当他们都已经把这些信息分享到了社交网络上后，那就更糟了。

不要含糊其词，要清晰

移动端最大的优势之一其实就是关联性。你能在恰当的时间、地点和背景下直接接触到想直接了解你的人群；但当你含糊其辞的时候，人们很难从你身上得到自己想要的信息。移动端的广告投放和内容分布若不能预测人们会在何时何地出现，就完全起不到预期的效果了。当围绕着任务进行的移动端互动越来越多时，即使那些内容可能很有趣，但你的首要任务就是，带着实用的信息和内容出现在恰当的地方。

清晰地表明你的意思是搜索和社交的最终落脚点。让你的品牌、品牌信息和如何使用等信息容易被搜到，让人们对你的品牌有话可说，重要的是要有实用性，不然大家为什么要费力气去搜你或者把你挂在嘴边？

坦诚地面对自己的错误

诚实也意味着你能在遇到麻烦或者耽搁的时候勇于承认。比如你正合作的一个品牌有大量供应需求，而你的产量实在是无法满足客户的需求和期望，那么就要直接告诉他们。没等到好消息就不开口，这样做是不可取的。登录你的脸谱网和推特账号，发出推送通知并把这些信息发布在你的网站上，告诉大家到底发生了什么（不需要太过具体的解释），给他们一个大致的时间范围，然后向他们推荐几件他们在这段时间可以做的事儿。

在这个信息唾手可得的时代，人们所期望的是持续不断的沟通。想想某个有名的音乐节最终以惨淡的结局收场的事情。当时直到音乐节开始前主办方才好不容易把关于音乐节的日程安排和共享的APP发布。而音乐节主办方没能清楚地告诉观众这个APP何时才会发布，所以当音乐节的日子一天天逼近，而主办方也没什么相关消息时，观众开始不高兴了。几个业余水平的开发者和做活动APP的小公司先于主办方一步发布了APP、更新了相关信息。如果音乐节主办方遇到了困难而无法发布APP的话，就该直接告诉观众——毕竟他们有上千的推特粉丝。但正因为他们没这么做，所以观众被蒙在鼓里，花钱买了一个有失水准而不是值得信任和等待的APP。

从上述事件可以学到的经验教训就是，你什么都不说并不意味着大家不会注意到，也不意味着他们不会去找你的竞争对手进行购买。坦诚和透明的态度总好过保持沉默。正因为音乐节主办方没有与观众沟通，最后导致潜在竞争对手进入了它的移动营销圈。

营销活动结束的时刻

真诚对待你在移动端所做的东西，也意味着你同样坦率地面对何时该说再见。“剧终”应该是什么样的？

以下有几个场景：

——你发布了一个与其他事件发生时间重叠的APP，也许是一个日程安排APP或者一个地图工具。

——你正与截止日期赛跑。

——你正要推广一张新发布的专辑或者新上映的电影。

——你发现你的移动端活动中的某部分已经无法再达到你想要的效果，或者是不能再为你带来利润了。

——不管还有其他什么原因，你从一开始就已经打算要把移动端活动的这一部分撤了。

我们不是说要你把整个移动端的运营都关闭，因为在移动端你总需要有点什么东西才行。但你可能发觉移动端的某一块对你来说已经是入不敷出了，或者是你确定移动端宣传已经无法适应品牌发展了，再或者就是单纯地付不起这笔钱了。这些都没关系——你要继续做生意所以有时候不得不在市场营销的开支上残忍些。就像我们之前说过的，一个能持续下去的移动营销，并不是简单地对着电脑程序敲敲打打，当它运行起来就可以不管了；对移动营销来说，不管做什么你都需要给予持续的支持。

当你在移动设备和移动渠道开展市场营销时，广告发布出去的那一刻并不意味着工作就完成了。你的工作只有在它反馈回来的时候才得以停止。这就是为什么你需要为淘汰做好准备。如果把太多的广告宣传在同一时间放到移动世界里，很快你就会发现随之而来的工作量让你根本无法应付。这还可能会让有些脾气不好的客户不仅自己离开，甚至还会告诉他认识或不认识的人，让他们也像他一样离你而去。

更多有关如何支持你的广告宣传的内容，请参阅第15章。

给促销活动加一个截止日期

星巴克一直都在它们的移动平台上通知所有促销活动的开始和结束。每天，星巴克用户都能通过访问其移动平台，下载当日的免费电子书或者歌曲。他们不需要把那些电子书和歌永远放在平台上。实际上他们也不该这么做，新颖的内容能让网站这一版块更加适时和切题，星巴克称这个版块为“本周精选”。这个名字比直接叫“免费区”好多了，因为“本周精选”的内容也只是在一小段时间内免费而已。有时候，移动开发商不太愿意在促销内容中明确地放上一个截止日期，他们怕这么一来会激怒顾客。但实际上，这种做法不仅完全可以接受，其实也早在顾客的预料之中。在商界，有计划地淘汰一些东西不乏先例：优惠券、打折活动以及换季优惠都只在限定时间内有效，时间一过促销活动就没有了，对此消费者已经习以为常。

对客户要直截了当

有句话说得好："诚实才是上策。"这句话对于身处数字时代的营销者们来说尤为重要。你面对的客户都是些老道、精明的侦探，他们对自己想要看到的内容有着自己的预期，而且会在你失策时毫不犹豫地要你负责。但同时，如今的消费者总是忙着追赶最新的技术和平台。当你要不断尝试新事物时，最好直截了当。

这就是说，要依照你的品牌和其形象来决定是否可以小小捉弄一下客户，就像J. J.艾布拉姆斯和他的神秘盒子理论一样。但要保证你只是逗他们开心，而不是取笑他们。

看起来好像有很多东西需要记住，但既然你已经要准备开始通过移动渠道——一个本质上很私人化、社交化的媒介——与你的客户建立更进一步的关系，你很快也会对客户到底需要和期待什么有更进一步的了解。开始为新事物的淘汰做准备吧，告诉你的客户这些什么时候会过时。

马上要做的 5 件事:

01 看一下你的手机，点开那些你为了某些活动或者促销而下载的APP：看看它们还能正常运行吗？有什么新消息？对接下来要发生的事件有没有提示？

02 如果你还没有那么多上面所提到的APP，那么以后只要看见一个就下载一个，然后看看它们是怎么运作的，怎么处理时间轴，怎么设置定位功能，又怎么和现有活动进行互动。

03 看一看你即将上线的营销活动以及时间表，如果你要激活任何线上活动，那就开始想想怎么把这些嵌入到活动中，怎么让体验连贯起来。

04 下载星巴克的APP，研究一下为什么如此简单的一个APP，功能不多，却几乎每天都能把线上互动做得有声有色。

05 当你想着去“微处理化”任何营销活动前，想一想，做一个临时的东西所花的时间和金钱，是否真的比将活动嵌入到现有的数字营销结构中更划算。

14

销售无处不在

很多读者可能担心移动端会改变自己的商业模式。如果你也是其中一员，我希望我已经给你讲明白了，进入移动端并不意味着要抛弃所有以前的行为方式。实际上，有一套实实在在的行为准则将会帮助你在风云变幻的市场中把握方向。因为你仍然会遇到大量和以前一样的挑战，遇到同样的想法，使用同样的处理手段——你现在只是拓展了新方向、新渠道，对熟悉的问题以新的方式进行思考，这可能具有挑战性，但绝对令人振奋。

移动时代的购买路径

购买路径是一个很好的例子，移动端吸取了原来采购的理念，然后将其以新的方式呈现出来。很多营销人员会谈及销售漏斗，就是将潜在客户引导至购买点的方法。对于移动端，这个概念同样适用。除了现在，购买点可能在任何时间、任何地方，这种购买行为极具竞争性而且可能快如闪电。

你可能会说，任何放到移动端的小把戏只要很酷，就会将人们吸引到购买点，或者至少引起他们的注意。这么说似乎没错，但把人们吸引到手机端上所花费的时间和金钱需要有一定的战略指导，以便引导他们完成购买。本章我们将会进一步地了解其形成的原因，然后说说其他与移动端结合的购买路径。

移动设备集多种功能于一身，它们可以进行实际验货、价格比对、距离计算；它们可以是众包的权威评审机构；它们是我们的心愿单，也是我们的剪贴簿；它们还可以通过自动完善功能帮助我们完善想法。通过手机，你可以购买几乎所有你需要的东西，然后在一天之内甚至一个小时之内收到。手机让很多事情成为可能，让人不顾一切，冲动地疯狂采购。

作为一名营销人员，以前我们最关心的是能否将一个潜在客户拉到实体店中。但是现在，你不能再指望自己通过橱窗展示来吸引客户的眼球。你需要在顾客还没到店里的时候就吸引住他们，即使顾客和你远隔千里。一旦你让顾客走进店里，你就要抓住他们的注意力，因为顾客会走进你的店里，用你提供的免费Wi-Fi，同地球上其他任何一个店铺进行比价，并且最后可能选择在其他地方购买，然后走出你的店铺，不花一分钱。

对一个营销人员来说这很可怕——但要认识到这也是一个极好的机会。你可以让自己的移动战略机动灵活，以便同最好的战略进行博弈。

展厅现象：移动世界与现实世界在这里邂逅

“展厅现象”是手机所促成的一种趋势，顾客走进实体店，细看商品，决定需要什么东西，然后从不同的网上店铺采购同样的商品。换句话说，这是传统营销人员最可怕的噩梦。这种恐惧就是客户可以在世界上任何一点进行购买，而把实体店变成了线上零售商的华丽展厅——只不过线上零售商从中获利，而实体店则损失利益。

这种现象会持续发生吗？答案是肯定的，但也不是必然的。你可以进行对抗。如果线上商店在价格和便捷性上胜你一筹，那么你可以用极佳的进店体验作为还击，这包括视觉上的色彩设计、灯光、空间以及通道引导等方面。而且，还包括为自己的实体店安装Wi-Fi，顾客登录时引导他们浏览自己的主页，并且给予顾客优惠券或者其他优惠活动。在顾客的注意力转移到你的店铺的那几秒内，告诉他们你的店铺的情况，以及为什么在你的店里购买商品是值得的。这就是有效性、便携性、个性化——第 4 章关于移动营销的三 P 原则。

优衣库在实体店面与移动体验上的结合做得非常优秀。优衣库的营销人员都明白，客户在店里逛的同时，可能带着手机。所以为防止客户注意力分散，甚至从其他地方购买，当客户在店中使用图像识别的时候，他们启动促销工作，邀请客户使用优衣库的 APP。看明白他们做的事情了吗？他们在利用已经发生的行为——忍不住去查看手机——并将这种行为重新导向自己的品牌。手机通过模拟将实体与数字建立联系，让这两个世界连接在一起。

手机让销售漏斗的顶端变大

移动设备无处不在，而你的店铺只能固定在一个地方。可能你会认为自己处于劣势，但换个角度看：有了手机，每当大家离开家时，就有消费的可能。每次查收邮件、登录免费的 Wi-Fi 热点或对推特信息进行浏览时，就有消费的可能。手机可以将每一件物品都变成潜在的营销设备，因为人们可以使用手机在店内通过扫描条形码，或者通过图像识别来货比三家。更重要的是，手机可以在任意地点创造出销售机会。

不仅购买路径可能会变得更长，而且也会变得更宽。在看裤子的时候，你是不是只想看30~50美元的卡其裤？还是只选择离家20英里内销售的名牌牛仔？或者只要你最喜欢的Etsy设计师手工刺绣的环保法兰绒紧身裤？或者所有这些你都想要？

有很多的线上服务——亚马逊、易贝（eBay）、Open Table、卡雅（Kayak）、Fandango——还有线上定制商店、导航网站、购物清单APP、推荐类APP，以及社交购物APP。有些APP可以帮你整理衣柜或者书架，有的可以跟踪记录汽车保养状况，还有的可以提醒你何时该付账单。这些服务会了解你的偏好，然后提供为你量身定制的信息。还记得营销人员经常讨论的销售漏斗吗？多亏了手机，现在营销漏斗的顶端比以往任何时候都要大。

不论你销售哪一种商品，你都肯定想要自己的商品可以通过移动端购买，但是这不意味着你就不能把顾客吸引到实体店了。事实上，你可以两者兼顾。

将店铺送到客户眼前

不必利用手机将顾客吸引到现实世界的店面中，你可以利用客户对现实世界中的认可来实现手机上的销售。宝洁公司与加拿大沃尔玛结盟，一起打造出一系列海报来展示不同品牌的产品，如潘婷、封面女郎、帮宝适、吉列及汰渍等，海报旁边印有对应产品的二维码。公交站旁也贴有海报，这样一来等公交车的人就都能看到。既然有时间等车，为什么不利用等车的时间购物呢？通过扫描二维码，顾客可以马上找到想要购买的商品，然后把商品加入虚拟的购物车内——甚至可以马上进行购买。科技分析网站Digiday在一篇名为"沃尔玛和宝洁巧用二维码"的文章中对此进行了报道。

作为一名移动世界的营销人员是件令人兴奋的事。因为购买渠道几乎无处不在，而你要做的只是对搜索、社交进行准确的把握，然后再加上一点点创新，让人们参与到你的品牌中来。但是有一点需要注意：客户需要邀请你进入他们的移动世界，他们的衣柜、主机和卧室；而你要像客人一样，小心谨慎并仔细领会客户的意思——因为客户就是你的老板。

马上要做的 5 件事：

01 在应用商店内进行搜索，不仅要试用可以帮助查找价格和定位的应用程序，也要试试可以形成社交性购买商机并生成愿望清单的那些应用。这种以效用为中心的应用程序（或者像Trendabl、Polyvore以及Lyst那样非常有趣的APP）能给你更多的社交移动购物体验。

02 当你出门采购或遛弯的时候，留意一下人们是如何在实际空间使用手机的，比如对物品进行拍照、自拍，或者进行价格比对。

03 在商店的时候尝试一下移动购物。用RedLaser（红外扫描）这样的APP扫描二维码或者条形码，尝试一下可定位的价格比对功能，然后跟自己的对比一下，看看有什么不一样的体验是可以借鉴的。

04 每当看到某一品牌兜售自己的移动体验或网站的广告时，尝试一下并仔细想想它们在试图完成哪项任务，是否简洁、明快并且实用。

05 抽出一整天时间，尝试只用手机购物和生活。可能你需要下载新的APP来完成，但这种体验会让你大开眼界！

到 2017 年，将会出现 6 400 万种具有可穿戴技术的设备。

数据源自约翰·法格贝格（Beig Insight 的首席执行官）在 Beig Insight（一家市场研究公司）发布的数据。

6 400 万

Mobile
Magic

第五部分 确保成功

15

终点：
法律问题、缺乏支持与画蛇添足

法律问题

移动科技让我们在沟通、分享和创造方面拥有了前所未有的能力。但就像所有事物一样，这种能力也有被滥用的危险。

当然我要声明一点，我不是个法律专家，我是创意总监兼数字营销者。在本章，我主要以一个营销者的身份出现——一个曾有幸与盛世长城公司出色的法律团队合作过的营销者。我并不是要提任何法律方面的建议——我只想让刚开始工作的移动营销者们清楚地意识到，哪些法律方面的问题你们务必要清楚。

移动互联网领域的法律问题处理起来有些棘手，况且立法者还在为如何规范交易、版权和用途争论不休。一方面，在应对一些立法者制定法律时从未预见的情况时，仍然使用旧有的法规。另一方面，新的法律法规不断涌现，填补着移动互联网领域日渐强大的能力所造成的法律缺失。“从未见过的”情形随处可见。由于移动领域可以在根本上通过无线电波和信号越界，规则与条件经常更改，简单地如同你跨过地上的一条线一样。

这对你潜在的客户来说也一样适用。举例来说，组织一场活动，活动的参与者是孩子，那么就要征得其父母的同意，这会带来一些什么样的法律后果？当客户在某个城市或者其他国家看见了你的宣传内容，或者参加了你的宣传活动，这又会带来什么法律后果？当客户越过州界甚至是国界访问你的线上内容时，又会带来什么法律后果？移动设备随其主人四处移动——所以一定要考虑好该做何准备，以便你的移动市场活动符合当地法律。

你同时也需要思考法定所有权的问题。每个人现在都是数字时代的“创意者”。大家都能用手机进行制作、分享，而随着技术越来越便宜、工具越来越好用，这个趋势也会更加明显。原来的顾客现在也变成了内容生产者，这就意味着线上内容至少是双向的，而一般情况下是三向的：由你到你的顾客，由你的顾客到你，你和你的顾客再到你们的受众。注意！品牌越是鼓励有创意的互动形式，顾客就越是觉得自己得到了授权，他们也就更容易察觉到定义了市场营销几十年的价值等式发生了转变。在过去，人们买的就是广告上的东西；而现在，他们在不同程度上，通过留言评论、点赞和共同创作的方式参与其中，虽然这么做的结果成效不一。所以当品牌想要顾客参与时，要记住，很多法律隐患仍然存在，要确保你知晓所有移动端可能会带来的附加法律问题。

这就是为什么在谈到移动合法性时，最好是保持谨慎。确保你的法律团队知道如何处理移动端的问题，清楚相关法律法规，并且在行动前为你在法律上把关。这也意味着要以完全透明的态度面对你的法律团队。把市场营销计划中的所有细节都告诉他们，并详细解释你会如何与客户交流，从数据共享、储存空间到你所创造和发布的内容的法定所有权，再到移动端产品的布局、图片、拷贝以及形式，最重要的是隐私，即参与者线上和线下的隐私权。

移动版权会带来很多纠纷，其中两个最棘手的纠纷就是法定所有权和共享。第一个是属于知识产权的问题：用什么内容？谁能用？如果我自己编撰、执导一部属于我自己的独幕剧，拍完视频放到YouTube上，那么在这之后我对这段视频还将保有哪些权利？同时我又需要放弃哪些权利？YouTube对这段视频享有什么权利？接下来第二个问题很现实，是关于如何使用的问题。从现实层面来说，要阻止人们在别人的知识产权上加上自己独特的见解实属不易。这就像是用视频、音乐做混音一样，又像是用音乐节选和图像混搭在一起或者做成拼图。当然他们不应该尝试去这样做，但我们确实需要想个办法，去讨论一下我们法律系统中有关产权和使用的问题。

提到合法性的问题，以下这些是我们所知道的：你的公司要为公司品牌所制造的内容负责。我曾有个客户以众包的形式雇用了数十个非专业艺术家进行了大量的动画制作。那是个很不错的活动，最后出来的结果总体上也很不错。但其中一个艺术家用了一段动画，而这段动画他之前已经卖给了其他公司。所以出于谨慎，即使那个艺术家已经把那个片段免费发给了我们，我们也只能把那一段删掉。这就是我们与法律团队合作商议后得出的必须妥协的规则，正是他们帮助我们在棘手的法律问题前找到了正确的解决方案。

我们也很清楚商标法适用于许多移动端所具有的功能，而这些会让一个非法律界人士吃惊。例如，某品牌正在做某个有意思的外展活动，活动上要求顾客们发来一些家庭录影，这些录影中是他们唱着产品的广告歌，或者身穿该品牌商品，或者只是在谈论着自己的一天。不得不说这确实是个便于人们领会和参与的活动创意。但如果某位顾客发来的视频上带着一副墨镜，而墨镜的商标不仅在非常显眼的位置甚至还在视频中被提及，那么如果这个墨镜品牌要在视频上做文章，就很有可能把你置于对墨镜品牌设计师侵权的风险中。所以在你设定的参与条款、细则和规定中，不仅要强调成品所有权的问题，还要给出制作指南，比如能说什么或者唱什么。就像我说过的，透明、清晰是最好的行事方法，当你要其他人以你的名义来参与的时候，这一条尤其重要。

众包创作视频或者一般的动图制作还有一点需要注意，那就是要得到所有出现在视频中的人的许可，还要向他们支付报酬。即使我没参与视频创作，但我也有责任拿到他们的书面同意，如有需要，还要支付报酬。但具体需要支付多少钱，不是我说了算的。举个例子，美国影视演员协会（简称SAG）的商业合同在以下情况就适用，即我的品牌或者机构签署了这份合同，而这段视频也可被归类为带有“商业性质”。在SAG的合同适用的情况下，那就应由他们来决定最终付多少钱。作为一名营销者，你的工作不是去对移动营销的相关法律进行面面俱到的了解，但你确实需要将律师和制作人纳入团队中，并且确保在项目进行的全程，你都能随时联系到这些人。如果你与客户合作，那么务必和法律团队秉着尽可能透明的态度对待你的客户。

如果你的移动活动创意涉及别人为你做的作品，那么你就要了解这件事可能会带来的法律后果，不论国内与国外，皆需如此。

如果你不太清楚你的移动营销创意会带来什么法律后果，但又想趁热打铁立马开始，那还是花些时间看看之前是否有人做过类似的创意活动，如果有，那就将这些事例交给你的法律团队做参考，并告诉他们你对自己的营销活动有怎样的打算。你可能不知道之前那些活动案例是否做得对，他们是否被起诉过，或者是否花费了上百万美元，但这些案例对你的法律顾问来说是一个了解你的活动的好方式。

作为一名专业营销者，你最后能做的一件事就是确保你的所有条款细则都清楚透彻。我需要再次强调，你不需要起草这些协议，这是法律团队或者法律公司要做的事，但你必须要了解这些条款和协议。拥有严密的条款、牢固且不断改进的隐私权保护政策，可以很好地保护你和你的客户，从长远来看这最终还会保护你的名誉，同时也能保护你的合作伙伴和客户的名誉。

缺乏支持

从全书来看，我们的主题之一就是强调维护移动端的成果有多么重要，而不只是一味地创造新的东西。即使是最好的活动策划，如果在维护上有所怠慢也是不行的。

这也就意味着你需要保证客户总能不同程度地参与进来。比如，一些客户非常喜欢收到你的信息推送，而另一些客户也许只想在很特殊的情况下收到你的消息，这样一来，鉴别何时何地与客户互动就显得尤为重要。不仅如此，在早期围绕他们建立的活动框架，以及随着规模扩展对活动框架进行持续打磨，这些都是很关键的。你要持续地打磨这些常规活动，并从中慢慢发现如何调整和执行你的搜索索引以及搜索优化。你需要注意几个核心方面：服务器维护、客服以及技术支持。推特也许完全免费，但你得花钱雇人专门给你发推，甚至还需要花钱请人帮你回复你的推特内容并帮你宣传。就像我们在第8章中讨论过的有关预算的问题，你要做好准备，维护现有的营销活动及项目，其花费比创作成本高出约1.5倍。当我们谈到维护APP时，你需要考虑下面这几件事：

服务器：你的数据肯定需要被保存到某个地方并且备份，那些应用代码也需要一个能运行的地方。而这个地方就是服务器，要让服务器持续正常运行，就需要花钱并提供技术支持。

更新：你的新功能或者宣传活动肯定要在一个现有的

平台上运行，这个平台有可能是苹果的iOS系统、安卓系统或者Windows操作系统，也有可能是脸谱网或者推特。而这些平台总在不断地进行大量更新，可能是结构变化，抑或重新设计。如果你的APP是为苹果6.1版操作系统做的，也许当苹果升级到6.2版本的时候还能用，但当苹果升级到7.0版本的时候，你会发现你的所有产品都无法运行了。

硬件更改：屏幕大小、触屏敏感度、电池续航能力、控制键等，所有这些可变因素都会影响到营销活动在某个设备上呈现的效果。众所周知，为安卓系统设计版本可谓是最难的。因为那些规格不同、屏幕大小不同、厂家不同、研发环境各异的手机都在使用这一操作系统。硬件也是影响因素之一，即使是在苹果这样所有硬件、软件都整齐划一的设备上也有这个问题。例如，2012年秋天上市的iPhone 5，比起iPhone 4和iPhone 4S来说，屏幕变长变窄了。苹果的研发人员立即就得配合新的屏幕尺寸做一套新版的APP和其他相关产品。

程序错误（BUG）：没有任何一个程序员从一开始就能设计出一个完美无瑕的应用程序。当人硬要以计算机无懈可击的方式来思考时，程序错误的出现就无法避免，因为人脑注定会有出错或者误解的时候。我可以保证，你的第一版APP，甚至是之后相继做出的其他版本，即使过了测试阶段也会存在一些程序错误。这不可怕，但要保证在APP发布之后，你的团队能对产品进行迭代。

特性要求：当客户通过苹果的应用商店或者其他客户支持渠道对你的APP进行反馈时，你才能了解到客户对你的APP其他功能的需求。多半情况下，客户提出的这些要求是你之前完全没想到的，但从商业角度来讲却合情合理。同时也要注意，客户反馈中有些是无效的，但如果众多客户都提出了类似的问题，那你至少应该稍作考虑。在任何情况下，只要新功能有用，那么钱就是次要的。

除非你已经为市场活动的结束做好了周全的退出准备，否则早在产品上市前你就会需要技术支持。如果你缺少技术支持，那么你的网上营销最终会不再奏效，所有你发起的对话都只会是独角戏，因为你这一端是无法发声的。以下几点很好地解释了为什么你需要拨出部分预算去对现有的技术进行支持和维护：

——你肯定会发现程序错误。只要是人，就无法做出一款没有程序错误的软件。

——你的客户肯定会在你的软件中找到程序错误，他们也肯定会让你知道。

——硬件肯定会更新换代。从新的iPhone，到屏幕尺寸各异的安卓产品，再到新的平板电脑。

——网络条件肯定会变。顾客们会更改他们的套餐包，3G网络会升级为4G，Wi-Fi会变得无处不在。你要确保不管客户如何登录，他们都能连上你的服务。

——平台会变。每六个月，推特和脸谱网就会彻底更改一次他们的API（应用程序接口）。这样一来，第三方的研发人员就不得不立即更新他们各自的产品以恢复上线。

——软件会变。新的浏览器、新的网页，以及所有新的一切！

——操作系统也会变。

你要提前预设好线上活动过期举措的办法：如果你想停止对线上活动某方面的持续维护，那就大胆去做，但前提是你得让大家提前知晓。

更多关于如何为线上活动结束做准备的内容，请参阅第13章。

如何让大家对你的移动APP总是兴趣盎然

比如，要是下载你的APP的人不少，那么恭喜你，你已经成功开拓了一条同用户交流的非常重要的、稳定的渠道。但不要就此罢休！继续为那个APP做未来的发展规划：你要怎么更新它、改进它，如何通过它进行新的内容推送？最后，知道应该何时结束。在第 13 章我们提到了很多关于有计划淘汰 APP 的内容。而现在，我们主要把注意力放在如何维护好你与客户间的联系上。

也许当用户刚下载你的APP时，他们会以为这可能是一个限时活动的一部分。这个活动有可能只持续几周时间，几周过后，你的APP需要变成和现在完全不同的样子。

在所有苹果设备上，当用户下载某个APP时，他们都能选择是否接收来自该APP的推送通知。而这些推送通知很有可能是APP版本更新提醒，不管用户目前是否正在使用这个APP都会收到。所以，如果一个用户真的对你的APP接下来的所有更新消息感兴趣，推送通知不失为一个他们得到关于你的APP的最新消息的提醒方式。但同时，推送通知很容易让人厌烦，所以你需要尽可能地让它们变得切题、称心。就如我之前所说，通过推送通知礼貌地介入移动设备与多个对话，记住，很多时候，少即是多。

如果客户恰好选择接收你的推送通知，你应该因此觉得荣幸之至，并且心怀感恩而不是滥用这个权利。除此之外，你还有另一种更委婉却同样有效的方式暗示客户：更新APP。因为更新APP时，下面总会有文字伴随解释更新的版本如何优于现在的版本。

大多数公司的做法是让他们的软件工程师去写这些更新摘要。而结果就是，大多时候这些摘要都显得干巴巴，技术用语过多，用词简略并且毫无趣味性可言。营销者们应该将此视为一次扳回一局的广告机会，主要就是在人们已知的内容上做文章。在释出新版本前，让文案人员以品牌的口气重新润色程序员写出来的内容。这样的话，当用户在更新APP时，他们更有可能第一眼就注意到你的产品，并对此充满好奇。

画蛇添足

我一直在向大家强调的就是，你可以将移动端的体验做成一个APP或者一个移动网页，但万万不该做的就是一个传统的树状的互联网体验。人们在手机、平板电脑或者其他小屏幕设备上的参与方式与他们用台式电脑时很不一样。如果我的团队在给我看一个移动项目的架构或者导图时，用的是多级树状内容，我一定会感到很奇怪。一般来说，这些架构和导图在离开我的办公室后都会比来之前更短小紧凑。所有移动端体验都需要围绕这几个字母缩写来设计：U.S.E.（Utility、Speed、Ease，即用途、速度、难易度）。这样才能使你的用户体验和信息架构专家的工作显出价值。

我一直都为一件事感到烦恼，消费者的生活本就已经够复杂了，现在我们居然还要让他们学习一种全新的手机使用方式，为的只是能与我们的品牌互动。人们大致知道如何使用触屏以及有多少信息是他们愿意点击进去了解的。所以尽量让你自己的项目选用原有的互动模式。现在已有很多人做了大量移动端的东西，你不妨借鉴一下竞争对手或者你仰慕的公司的成品，从中找到灵感并给团队下达任务，让整个体验过程以客户为中心，让客户彻底迷恋上你的移动端内容并且欲罢不能。

我要说的重点就是，如果你是从零开始，那就要保证让客户意见来主导所有的市场活动。准确地判断出潜在受众是在何时、以何种方式通过移动设备连接的，并以此为主导来设计你的营销活动。但不要做得太多最后适得其反，你的决策应该与你的商业目标一样多。

最重要的是，你要能站在用户的角度考虑问题。当我自己的团队向我呈现某个创意时，我总会问他们，如果他们自己是用户的话，他们会不会想用。不论你是个年轻的妈妈，还是个中年男子，这都没关系：去看看相关的简介，尽量去了解关于用户群的媒体消费信息，也去了解一下所有的竞争对手，然后再回来将U.S.E.原则付诸实施。

马上要做的5件事：

01 找到你团队里有移动营销相关经验的法律顾问，并尽快将你的营销计划和活动告知他，负责法律事务的人有必要知道一切。

02 项目每进行到不同阶段时，都要召集团队所有成员进行沟通，尤其是在项目开始之际。之后在项目的整个阶段，要对所有变化，哪怕是细微的增减进行沟通。

03 记住，移动产品与消费者的每一个接触点都是一个把顾客留在圈内的机会。更新信息也会很有帮助！

04 接受一个现实，那就是在移动世界里一切都在频繁、快速地变化着。对此要格外留意，并且每当这些令人兴奋又害怕的变化发生时要与你的团队一起承担。

05 把U.S.E.原则时刻铭记在心，在衡量任何一个新的移动端活动或一次更新时，都用U.S.E.原则来保持最佳状态。

16

衡量成功：
参与回报

现在我们已经到了本书的最后三章，这意味着该开始想想如何收尾的问题了。你想从移动营销中得到什么？对你来说什么叫作成功？成功时你能察觉得到吗？评估你在移动端创造的产品的标准是什么？一旦产品上线，你的衡量方式将如何不断演进？

我们虽然将这个话题留给第16章，但事实是从一开始就应当仔细考虑成功会是什么样。现在我们来究根问底，想想“怎样做、为什么”的问题。脑袋里想着成功，这种想法会在整个工作过程中给你指引方向。首先你要定下成功的标准，然后随着工作的开展，你要继续对自己的想法进行重新评估并不断完善。

要开始这个过程，你要考虑以下几个问题：（1）移动元素怎样才能融合到你的整体营销工作中？（2）在移动通信领域，你希望发生什么？你的目标是什么？

（3）如何衡量自己是否已经达到目标？衡量达到目标的工具、步骤或者量化单位是什么？

投资VS.参与

在商业领域，ROI通常是指投资回报率，具体指在一定营销努力下所产生的利润或者可以衡量的成果。营销是一种关系，但并不是一系列的物品交换。这种关系不是说为了得到什么东西，你必须要做什么，而是在于建立爱与尊重。如果你想要自己的品牌成为“至爱品牌”，那么终极目标就不能只是投资回报，你必须从参与回报的角度来考量。

这就是为什么在提出创意前，我们要鼓励客户和媒体合作伙伴明确如何定义和衡量成功。这在开发过程中对每个人都有帮助，从用户体验（UX）、技术到设计、优化，不仅要设定目标，明确我们在创造什么、为谁创造，而且要明确工作需要达到什么样的实实在在的成果。而为了让这一目标更加真实，在启动会议上，我们要让所有的人聚集在一起，让每个需要踏上这辆列车的人都知道车要到哪儿去，不管你在哪儿上车，又要在哪儿下车。对成功的定义直接影响了整个过程的各个阶段，因此提前花点时间来准备会让整个过程更加明确，更能有的放矢。

定义成功的标准

我们来思考一下品牌是如何衡量参与度的。任何既定的活动都应该有一个单一的目标，这是你衡量参与度和投资的一组特定指标。你要把这些指标给老板或客户，告诉他们你做了什么，并且你也要用这些指标来评估承包商、合作伙伴以及整个团队的工作。

要怎样协调，建立什么样的框架，这取决于你自己、市场营销团队、媒体以及进行评估的合作伙伴。也许是为了网上销售，也许是为了品牌知名度，也许只是为了提高社交媒体参与度，但通常会将几个方面集中在一起，共同把品牌和产品从现在的位置推向新高度。如果用多重指标进行衡量，根据优先级别、权重、理想效果及关键知识点，确立各个指标之间如何关联就变得很重要。这样一来，就可以形成一个更有效的记分卡及更合理的标准，可以更加有效地衡量你目前的所处位置、工作成果以及未来计划。

以前“提高在脸谱网上的点赞数”或“增加微博粉丝”这种目标可能是营销团队利用社交网络和移动端工作的终

极目标，而现在这种情况越来越少。原因有两个：第一，简单提高社交媒体存在感不会直接提高销售量；第二，社交营销工具比简单地观察一只股票的上升更为复杂。你将会从综合分析这只“股票”周围的数字中受益，在社会聆听方面变得更加仔细，参与并听取围绕你的品牌的对话，同时开始在用户群里物色并挖掘重要的意见领袖。当客户或潜在客户在脸谱网上“点赞”或评论，甚至是围绕你的产品开始创作内容，或是在微博上成为你的粉丝时，他们已经向你敞开了心扉，你可以利用这些来提高品牌的知名度，宣布交易并建立客户对产品的长期忠诚度。

更多关于如何形成自己的信念的内容，请参阅第10章。

接下来，要搞清楚收集、分析及分发反馈结果时要用什么系统和方法。不管你决定使用什么样的标准及综合方式进行汇报，衡量成功的方法必须在工作刚开始时就预以制定，而不该放到最后来做。即使只是很粗略的概要，如果是衡量工作效率的一些观点，那就应该在给老板或客户提交的方案中提出来；也应该在给承包商的简报中体现出来，并与内部团队进行分享，这样每个人都会明白工作的最终目标。

移动端的成功只是营销工作的一部分

这本书是关于移动营销的。我坚信，作为一名营销人员，在你能为产品所做的工作中，最重要的工作之一就是将品牌扩展到移动设备上。但我也清楚，移动端是生存在相互依赖的平台之间一个更大的媒体生态系统之中的。

然而，在整个营销工作中，手机可以是一种调查工具，也可以是一个渠道。因为手机是一个非常个性化的设备，具有很强大的连接能力，营销人员和创意者可以看到自己相关的成果数据，并以前所未有的深度对反馈信息进行衡量。因此，即使你已经决定不再将移动端作为自己品牌的主要营销渠道了，仍要切记，移动渠道仍然得做其他渠道的支持，并与其他渠道紧密连接，同时为非移动活动提供有针对性的分析和反馈。换句话说，你比我更清楚自己的媒体总目标是什么，你只要知道，自己的营销工作中需要有可以深入移动端的东西。将移动端上的成功当作整个营销工作的一部分来衡量极为重要。

例如，如果想试一试二维码的效果，你就需要想办法知道大家是否确实在用二维码，以及使用二维码对品牌是否有帮助。如果二维码元素融入到了整体营销活动中，则应对二维码在营销工作中所扮演的角色进行跟进。去了解人们在何地、以什么频率使用二维码。在不让用户感到不自在的前提下，尽可能多地收集有关个人和设备的信息。还需要了解因扫描二维码而促成或者直接引导客户完成交易的频率有多高，同时清楚二维码在何时、何地，与什么人、以什么方式产生关联。你需要找到真正懂行的人，把团队收集到的信息同其他信息整合在一起，并从整体层面上进行审视。

更多关于使用二维码的经典案例，请参阅第 14 章。

时时号脉

在第 13 章中我们提到过在与用户交流的过程中，你的工作不是在营销活动开始运行后就结束了，而是在得到活动反馈后才算结束。然而这并不是全部的真相！实际上开发工作和相关支持工作在营销活动结束的时候可能确实就结束了，不过一旦营销工作开始缓下来，就该看一看收集的所有数据，然后审视一下自己到底做得如何。

你的首要目标是实现一组指标，并将这些指标的结果按照一定的框架整理好，让阅读结果的人可以看到活动的整体情况，并易于作为参考使用甚至进行更高层次的分享。不要仅仅为了分享数据而分享——而是这个框架是在你描述成功路径的过程中形成的。这些信息对你的团队、老板、客户及未来的项目至关重要。

而在这个首要目标中所隐含的则是了解用户。与成功标准同等重要的是你对用户的了解，以及更具体地、一对一地与用户建立联系的潜力。很简单，你的工作是有生命的并在不断发展的，所以你要时时号脉。

从普通品牌到“至爱品牌”

我所说的聆听、学习、连接，所有这一切都是“至爱品牌”的核心部分。与品牌建立了情感联系的人，会情不自禁地倾向于付款购买，不管是什么东西。所以虔诚的苹果粉丝愿意花大价钱购买一个Mac笔记本电脑，就因为它背后那个看起来很有范儿的银色水果标志。对这些客户来说，苹果不再是一个普通品牌——它是一个“至爱品牌”。

想得到客户对自己品牌高度甚至近乎疯狂的参与度和

忠诚度，仅通过电视广告和横幅广告来实现是非常困难的。要想让品牌达到那样的认可度，我们就需要有一定的时间投入。作为一名营销人员，我们的工作就是让客户愿意花时间和金钱去购买我们的品牌——不论客户身在何处，都要让他们能轻易地找到、分享并买到我们的产品。但是至爱品牌不是要满足人们的需要——它是要满足人们的欲望。

更多关于“至爱品牌”的内容，请参阅第9章。

通用磨坊公司制造了一款用到增强现实技术的寻宝游戏——《幸运符大追踪》，原因之一也是想要获得顾客对自己品牌的忠诚度。盛世长城公司与通用磨坊公司紧密合作开发并推出了这一项目。在创意概念中，我们大量吸收了周六早间广受孩子追捧的卡通《幸运小精灵》中偷取幸运符的情节，并想办法将这种现成的神话嫁接到以移动为中心的高度个性化的体验中，这种体验适合各个年龄段的人。创意《幸运符大追踪》的过程涉及对幸运符早餐麦片的粉丝以及媒体渠道的研究。我们清晰地对受众进行定位，与一流的合作伙伴和客户合作，将一个引人注目而富有创意的体验带入现实中。这种体验简单而有趣，并且为我们设定了很多衡量成功的目标引领我们前行。

了解《幸运符大追踪》案例的详细内容，请参阅第17.1章。

给客户连他们自己都想不到的

营销始于用户，也终于用户。如果你一直在仔细阅读这本书，你会了解我们已经花费了很长的时间告诉你，你所提供的功能必须是客户想要的。这场战斗的目的之一在于搞清楚客户到底想要什么。一旦开始就明白这到底是什么，要做的只是弄清楚如何最好地满足这种需求——不要客户要什么就给什么，你给的应该是连他们自己都想不到的。接下来再次开始整个过程，继续寻求反馈，找到方法去衡量和量化。这样有助于历练市场营销工作，完善产品和品牌在移动端的整体形象。如果能保证聆听和改善这个过程的迭代，就能确保你在客户手机、台式计算机上的重要位置，并在客户心目中占有一席之地。

马上要做的 5 件事：

01 授权给自己的项目管理团队，确保参加初次启动会议的人都能胜任这次工作，并且围绕工作的目标、变化及整体的交流都能够通畅无阻地进行。

02 在本地区报名参加一个分析与测量会议或者研讨会。这些会议会有很多不同的关注点，找到把自己所从事的行业作为主要关注对象的会议。

03 工作完成后，强制安排“后续讨论会”，让员工和合作伙伴可以通过分享这次活动的好坏并分享数据，来学习如何让坏的变好、让好的变得出色。

04 投射在墙上的电子表格看起来枯燥乏味，让人眼睛疼，所以鼓励大家要尽量让展示的结果美观、有趣并且简洁（可用小字体在附录中进行总结）。

05 报名参加一年一度在得克萨斯州州府奥斯汀举办的互动电影和音乐会——西南偏南（SBSW）。我们已经讨论过的衡量、分析和了解受众的话题在这里得到了充分展现。

85%的移动用户喜欢从移动网络下载手机应用程序。

数据来自Compuware（一家商业软件制造商）。

85%

17.1

市场营销：
幸运符早餐麦片移动APP《幸运符大追踪》①

① 本章内容是在对格雷格·皮尔逊（幸运符早餐麦片市场部经理）及朱莉·安德拉（整合营销传播部高级经理）的采访基础上而写成。

在寻求商机的同时我们发现幸运符麦片过半的消费者都来自成人群体。所以我们想:“在接触成人群体时，能不能突破传统，换一个新方法？”我们之前使用的是电视广告，结果并不乐观。而现在世界上几乎所有成年人都转移到了新的平台上，我们也因此找到了接近他们的机会。我们的大概思路就是，利用幸运符早餐麦片的品牌核心，以及它五十年来所树立的形象，也就是一群孩子追着象征幸运的小精灵跑，想要捕获到他身上的一丝魔法美味。

所以当时我们想制作些东西，让那些成年人能够体会这种追逐的过程。这个过程要能让他们通过技术平台去体验一番。

达成一致后，我们就开始探寻，让成年人体验这种

经历的最佳办法是什么。我们大概在五六个创意之间反复争论。其中有些创意是要举办现场活动，其他更多的则倾向于以移动端为主，当然还有一些创意是以社交为导向的。

我们意识到“追逐”这种理念本身就有一丝游戏意味：这款游戏会在参与者完成某项任务后给予奖赏，同时也会邀请玩家加入，成为游戏的一部分。这就是我们制作这款移动端游戏的初衷。这款游戏的主要用意在于不断强化参与者的意识，让他们觉得自己是游戏的一部分，并且与游戏一起成长。

我们在游戏中使用了增强现实的技术元素，来配合幸运符本身的魔力。在幸运符这个魔法世界里，我们力求让玩家感到身临其境，正在追逐的幸运符与他们在同一空间。这一特点使得我们成功地为幸运符塑造出了独一无二的品牌形象。除此之外，我们也在活动中加入了抽奖环节。要做出一款参与度颇高的游戏，要遵循的原则之一就是你必须给大家奖励和必要的认可。因此只要在这款游戏中成功捉到幸运符，你都能得到不同的奖励，并且每个参与游戏的玩家都有机会入围决赛，赢取幸运符的大奖：一罐金子。

《幸运符大追踪》是幸运符早餐麦片公司推出的第一

款移动APP。从抽奖环节到互动体验，再到增强现实技术，对我们来说都是全新的领域。正因为这些对我们来说都是新事物，而尝试新事物必然会有风险与挑战。不仅如此，幸运符早餐麦片被认为是个儿童品牌，所以我们要很清楚这次推出的APP主要针对的是成人。把成人锁定为我们的目标客户作为现行策略，对品牌来说也是一件从未做过的事。

另一个挑战就是如何把握时机。我们希望《幸运符大追踪》务必在圣帕特里克节前后发布，所以就不得不舍弃很多原先的计划。由于时间上的限制，我们不得不放弃一些原本非常想实行的计划。

但无论最终的决定如何，关键在于我们所做的工作要能抓住幸运符的品牌精髓，也需要达到人们对该品牌的期望值。所以如果你很清楚自己之前的市场策略和自己的品牌定义，移动营销会是给你的品牌精髓带来生命力的又一种方式。从这个角度来说，我们保证了顾客理解我们的核心思想与核心策略，并且让他们在追逐的体验中慢慢发现我们的用意。所以我们从这个强大的创意入手，并在幕后形成统一战线。移动端只是我们实现这一创意的一种方式。我们为实现互动式故事主线而建立了一个创意团队，使玩家能在游戏中变身为幸运符的追逐者之一。这样的做法，使我们得以将多年来一直在电视广告中传达的信息带到现实生活中来，并且成功地与成年人产生了共鸣。尤其在当今，玩游戏对某些人来说已经成为消磨时间的主要方式。

你需要对你的品牌在移动端呈现出的声音、语气和行为举止非常清楚。对我们来说，这是一种与过去很不一样的与受众沟通的方式。因为在过去，人们只能被动地坐在电视机前看幸运符的广告。幸运符清晰明了的品牌声音和形象，使得后期的创意和剪辑工作简化了不少。

如果你很了解你的品牌，清楚品牌的核心意旨，并且很有把握不需要从头开始重建你的品牌，那么对你来说将宣传转移到新的媒体上就简单多了。相信自己的直觉，围绕品牌的核心理念进行创新。

幸运符的APP完成后，在苹果的应用商店和Google Play都上架了。我们把抽奖活动的期限设为一个月，一个月到期后我们就删除了抽奖环节，并且将该APP重新上架。这样一来，人们就可以玩我们设计的游戏，享受乐趣，但不一定是为了得奖而来。

这个游戏才上线时，下载量不错，于是我们顺水推舟与一家推广公司合作，以此来进一步提高知名度。但我们的主要目标并不止于提高下载量，我们希望下载量的增长能让这款APP被推上应用商店首页，以增加曝光率。

老实说，我们当时的预算很有限，所以在增加品牌知名度方面尽可能做到目标清楚、针对性强。创意组做了一个非常精彩的长达30秒的预告片，我们把它上传到了YouTube上，并通过公共活动发布。当地和线上的一些电视台也播放了这段预告片。我们当时也在收音机和电视上做了公关宣传，一些传统媒体进行了报道——比如在《广告周刊》(Adweek)上发布了一篇文章，在网站Mashable和Digiday也进行了报道。

此外，我们在脸谱网等付费媒体上只进行了有限的投入，但这不仅成功引起了原本就喜欢幸运符麦片的受众的注意，也在各大媒体上引起了普遍关注。紧接着，我们开始与线上游戏公司Machinima合作，该公司的大部分员工都是“千禧一代”，这与我们的目标人群很贴合。我们将付费广告投放到他们的内容中，并与他们其中一个内容制作人一起将我们过去的广告进行电子混音，之后将它放到Machinima的渠道以求吸引人们的注意力，最后达到增加下载量的目的。

法律专家从最开始就是我们至关重要的合作伙伴。他们在构思创意和选择开发商的初期就已经参与进来——每天会有一个法务人员来办公室，在开发组和创意组不断润色广告创意时，法务人员就借此机会来指引他们的创意构思过程。

但说到底，我们最需要关心的就是要非常清楚地知道我们的目标人群是谁，为什么我们要锁定他们为目标，我们的品牌到底是什么，以及我们的品牌定义究竟是什么。如果你从一开始就非常清楚你的核心思路，那么你在做决策和分析目标范围这些事上都会更轻松。这样当你做设计决策时，就不用再经历意见冲突的阶段了，而可以把更多的精力放在界定营销范围上。

到这个阶段时，我们讨论的就只是《幸运符大追踪》这个项目对我们的下个财政年度意味着什么了。这款让成年人体验追逐过程的游戏，是我们打算每年都让其有盈利的一个平台。

玩家在《幸运符大追踪》制作组录制的视频中得到关卡任务。

成功捕到幸运符的玩家会赢得积分和刮刮奖，从而得到一次抽奖机会。

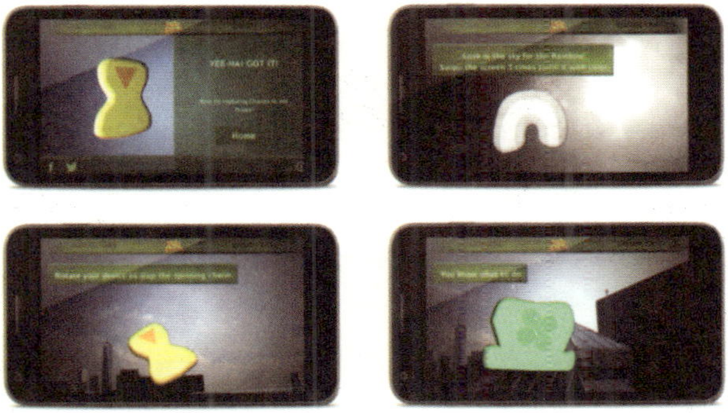

玩家每收集到一个幸运符，都会显示在游戏中的收藏箱里，以此记录游戏进度。

游戏视频中的提示框会简略提示你游戏任务。

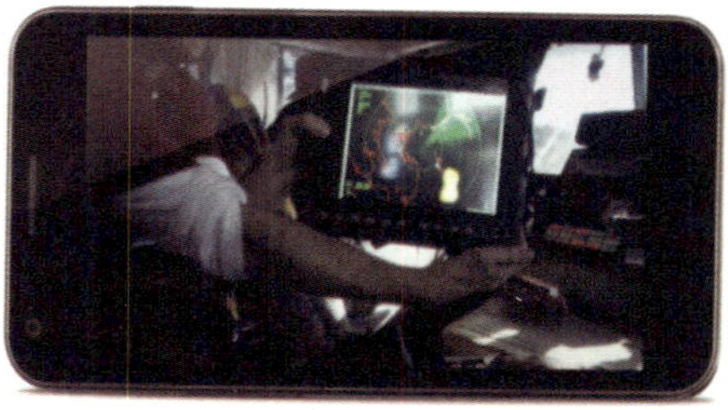

玩家在触屏上刮开大奖。

这次活动的在线网站做得很简单，上面只有游戏预告、游戏条款和细则，以及隐私保护政策。所有这些在苹果的应用商店和Google Play上都有相应链接。

17.2

打开你的智能手机，来玩《桃丽 500》[①]

---

① 本章内容是在对阿拉斯泰尔·格林（洛杉矶壹团队执行创意总监）的采访基础上而写成。

《体育画报》年度泳装版可以说是出版界的超级碗[①]。

在过去几年中，我们的客户雷克萨斯都是泳装版的汽车赞助商。也就是说，每年我们都要负责在那些漂亮的模特旁边，做些什么引起轰动效应的事儿。我们想要的不只是张平面广告，所以移动端就是我们鼓捣的好地方。

在我们为泳装版做广告构思时，我们突然意识到，人们总是随身携带的不是杂志，而是手机。在用手提电脑或者看电视时，你很可能会放下手中的杂志，但你却永远都不会放下手机。

---

① 超级碗是美国国家美式足球联盟的年度冠军赛。超级碗多年来都是全美收视率最高的电视节目，并逐渐成为一个非官方的全国性节日。——编者注

人们在读《体育画报》时会把手机放在身边，这一点我们都清楚。在壹团队（Team One），我们的工作与移动领域息息相关。我们很清楚如何通过移动端接触客户。我们也早就清楚我们要将雷克萨斯这个品牌带上移动端。

这次的转型离不开雷克萨斯的客户们所提供的大量有用信息。就其中一点来说，我们知道（至少在当时），雷克萨斯绝大多数客户都是苹果系统而非安卓系统用户。

我们也了解到，很多人选择雷克萨斯是因为其广告总是很酷、很有趣，并且令人惊喜。所有一切都让你自然而然地想将这个品牌推上移动端。

此外，《体育画报》泳装版也是一个绝好的平台，同时它还配有条件绝佳的受众。

这样一来，整个构思过程都显得无比有趣。我们反复问自己："如果……的话，效果会不会很棒？"最后我们终于决定，将泳装模特的动人曲线变为赛道曲线，以此来展示雷克萨斯对曲线道路出色的适应能力。

接着我们又问自己："我们还能试试什么别的想法？如果我们能围绕这个广告创意做一款游戏会不会一鸣惊人？如果我们做一个泳装模特桃丽·普拉沃的3D模型，并将她放大，把她动人的身材由线做成赛道，这样会令人惊艳吗？"

雷克萨斯的品牌特色之一，就是追求生活各方面细节的完美。我们预感到，如果做得好，雷克萨斯GS（一款车型）、桃丽的身体曲线和竞技比赛的创意，都会对重塑品牌价值有所帮助。

为保证这次创意不出差错，方法之一就是致力于保证品质。我们想要一个制作水平一流的电子游戏。但显然，这个创意也有一定的限制性——我们不是EA（美国艺电公司），我们没法在一个游戏上就耗资百万美元，但我们在保证游戏画质和可玩性上下了很大功夫，并按iPhone屏幕尺寸调整游戏画面。为将成品做得像游戏机里的游戏那样有诚意，我们也费了很大精力。

我们与桃丽·普拉沃和一家3D模型公司取得了联系。这家3D模型公司专门从事打造适用于移动设备的高性能3D模型。我们一起为桃丽·普拉沃和雷克萨斯GS打造了最优版本的3D模型。然后，我们选用了一款叫Unity的免费3D游戏引擎，将这两个模型嵌入了赛车游戏中。我们也充分利用了iOS设备的特色功能，使玩家可以通过倾斜手机或者在屏幕上拖动手指来转弯。

我们最后将这款APP命名为“桃丽（Tori）500”。雷克萨斯对此很满意，他们要求我们再出一款类似的APP，之后我们将这款APP命名为“超模”。除此之外，我们还一起剪辑了一个幕后花絮的视频，并上传到了YouTube。我们也制作了一些内容放在《体育画报》泳装版、商业广告版以及杂志的其他版面。

作为壹团队的创意总监，我要保证内部团队强大可靠。这就意味着我们的人才要同时具有构思能力和执行能力。我也需要想象力丰富的人，他们会说“我们何不……”或者“如果……怎么样”，同时，他们也会给出这些问题的答案。我们团队中也有出色的用户体验设计师和大批能力出众的制作人，他们专攻新媒体。但这些成员却不是这款APP的制作人——我们专门雇用了一个制作公司来做。我们团队的制作人只是帮助指导整个构思过程，并与制作公司一起完成了审核。

你没必要什么都懂，但你要清楚什么是你不懂的。这一点对所有和数码有关的工作，尤其是移动领域的工作都很重要，因为这里的一切都在飞速变化着。你也许会在雇用了一整个内部制作团队后，发现他们做出的东西已经与公司需求不再相符，或者已经完全过时了。比如，当苹果公司宣布要用HTML5替代Flash时，很多公司都因此受创。突然间这些公司需要考虑要对制作人员重新培训，这时像我们这样不是很庞大的公司就只需改用与那些熟悉HTML5的公司合作即可，但这不是说你的团队内部不该有懂行的人。你需要的是在公司内有能与其他制作团队无障碍沟通的成员。你要让脚踏实地的书呆子和想象力过人的梦想家，一起合作碰撞出火花。公司中有这样的特色会很棒，你需要让他们留在你的市场团队里，以便为产品引路。

我们也要尽量保证已经为未来发展配备好了人手。如果你把顶尖技术想成是海浪，那么我们想要的是能在浪尖上冲浪。因此，我们要尽量保证制作经验丰富和才能过人的员工之间的平衡。我们与值得信赖的制作公司合作的同时，也需要在团队内部有人能够负责与制作公司沟通。

《桃丽 500》在苹果应用商店上架后，我们最初做了些程序测试，解决了部分程序错误并做了几次版本修订。但根据法律要求，利用桃丽 · 普拉沃的肖像——包括 3D 扫描成品——意味着《桃丽 500》在苹果应用商店里允许上架的时间有限。所以我们对 APP 的维护方案也是按照这些法律限制来制定的。在壹团队，我们看中的是承诺，而非宣传活动，但你需要了解你的合法权益如何生效。我每天把大量时间都放在探讨法律问题上，我认为这就是如今市场的运作方式。

《桃丽 500》对我们来说是一次非常成功的营销。目前为止，在《桃丽 500》之后我们还没做过其他游戏 APP，这样的营销必须要符合实际并且有的放矢。因此，我们一直把注意力集中在移动响应式网站上。观众确实仍然在期待着各种应用，但是应用的普及率在日渐下降，因为在浏览器上运作的营销活动兼容性更强，不管你用哪类手机都可以登录网页，也不需要持续地更新和维护。所以，我们尽量多做移动网页类的活动，少做应用类的。移动端带来的可能性很多，你最终的选择应该基于创意构思和受众类型而定。

在制作《桃丽 500》的时候，有意思的地方在于，我们究竟是在为这款游戏做APP还是在为产品本身打广告？很难决定在何时、以何种方式走向移动端，但如果你有一个精彩至极的创意，或者有像雷克萨斯的《桃丽 500》这样的创意衍生，那么就有理由去迈出这一步。

说到底，你的受众永远不会买他们不能理解的东西。对我们来说，客户是受众的一部分。所以，作为一位营销者，你要明白三件事：你的受众是谁，你的媒介是什么（在上述例子中是移动端），在这个媒介上对你的受众来说什么是适用的。

我们很走运，因为雷克萨斯恰好是一个勇于尝试的公司，在营销策略的选择上显得勇气可嘉。但即使是像雷克萨斯一样有勇气的公司，也需要你去说服，告诉它们《桃丽 500》是个很棒的创意。你要能说服这些公司，让它们知道你做的事是有意义的。你需要一个勇于冒险的客户，不入虎穴，焉得虎子。

就目前来讲，移动端是创新性最强的领域。手机基本等于个人电脑，而个人电脑彻底改写了我们的世界。对于移动端来说，这场革命才刚刚开始。

在上桃丽赛道前，玩家能自定义他们的雷克萨斯GS。

雷克萨斯GS的《桃丽500》手机游戏，沿着模特桃丽·普拉沃的身体曲线赛车。

01:
F SPORT
F SPORT
F SPORT
F SPORT

雷克萨斯GS的《桃丽 500》，从《体育画报》泳装版，到YouTube的赛道车辆展示，再到平板电脑和手机游戏，无一不在这个互动式游戏里测试着车辆性能。

17.3

突破严寒：瑞典吉列维纳斯“天气图”活动[①]

① 本章内容是在对皮尔·亚尔德格伦（瑞典盛世长城公司策划总监）的采访基础上而写成。

这其实更像是一次尝试。按照以往的经验，剃刀在冬天的销量会下降，即使在美国也是如此，因此要想保证全年销量稳定是很难的。尤其是在瑞典这样冬季漫长、黑暗而寒冷的地方，挑战之大可想而知。但这恰好是北欧宝洁公司，也就是吉列维纳斯剃刀品牌的老板要我们做的。

首先我们得要知道为什么人们在冬天不买剃刀。我们从与维纳斯的目标人群谈话入手，目标人群是18~35岁的女性。我们从她们身上了解到了很多有用的信息。比如，我们问了女性刮腿毛是为她们自己还是为了别人，但很快我们就发现这个问题无关紧要，因为她们刮腿毛的原因两个都有。紧接着，我们开始思考一个假设：女性在最冷的那几个月不买剃刀，可能只是因为这并不是件重要的事儿。

所以我们就想：那我们的敌人到底是谁？答案是：天气。我们也就是从这儿开始入手构思的。我们最核心的目标人群是更年轻些的、20~25 岁的斯堪的纳维亚女性。然后我们试着以斯堪的纳维亚人的心理为出发点后，很快就意识到，我们必须摆脱那类倾向于在阳光海滩上展示比基尼模特的广告，我们需要显示出我们对受众的理解。斯堪的纳维亚女性认为，她们与那些千篇一律的广告里站在海滩上的模特情况相差太远。

把天气视为我们的敌人，让我们找到了切入点。从媒体方面来说，我们知道我们想要的是数字营销，因为瑞典女性很依赖网络，可以说手机就是她们的主场，她们总在用手机。由于预算和时间有限，我们没办法从零开始，只能就现有的渠道和应用来进行活动宣传。我们了解到，使用时下流行的照片分享应用——Instagram——已经正成为我们受众的习惯，其使用率高得惊人。了解了这些以后，我们就准备好开始构思了。我们了解了天气状况，然后想了想我们可以做些什么，最后决定把产品营销加入瑞典经常发生的——谈论糟糕天气的对话中。就这样一步一步想出了最终的方案，这个方案很简单：举行一个摄影比赛，分享瑞典的冬天究竟能坏到什么程度。我们邀请受众通过 Instagram 提交照片，来展示天气有多糟糕，并为比赛照片加上“#”标签。热门的提交作品之后会被发到脸谱网的图片栏里。我们为提交上来的照片打分，打分原则根据不同的地理定位，以及上传照片时的天气状况与历史上同一天、同一时间的天气做对比。这些数据也用来给瑞典的网上零售商、我们的合作商店Halensse作为折扣参考。照片上的天气越坏，折扣就越高。

为了增加比赛的趣味性，我们宣布要将世界上其他地方的人也拉到活动中来，尤其是邀请了那些温暖地区的居民，他们对瑞典这样的冬天毫无概念。我们想找几个能做这些照片评审的人，最后决定去搜寻那些来自澳大利亚悉尼、巴西里约热内卢、美国弗罗里达州迈阿密的热门博主。我们之所以选那些地方，是因为他们离瑞典很远，并且天气总是阳光灿烂。两周中，这些评审每天都会从众多的Instagram天气照片中选出一个当日赢家，并把评审原因做成视频博客发在维纳斯的脸谱网主页上。之后，这些博主从决赛选手中选出一个赢家，这个赢家获得了从瑞典逃到迈阿密一周的奖励。对Instagram和脸谱网粉丝专页的使用意味着我们不需要再靠自己从头建什么东西，所有作品都是通过Instagram提交并被储存在Instagram网站上的。我们以塑造品牌和通过瑞典流行博客Devcte、Instagram、脸谱网宣传为主。通过这些服务，我们让地理定位功能以一种极具创意的方式派上了用场，这也进一步扩展了对话深度。我们将tagtheweather.se设置为我们的响应式网站。如果你是通过手提电脑登录，那么你会被自动链接到维纳斯脸谱网主页的APP上；如果你是通过移动设备登录，那么你会被转到我们的移动网站。所有一切在使我们的宣传活动更成功的同时还大幅度地降低了成本。我们没有新建一个网站、移动APP或者其他任何系统，相反我们与现有平台合作，把我们的宣传活动连接到他们已有的应用编程接口（API）上。我们在建立网站上省下的时间都用在加强宣传力度上了。为宣传这次以数字和移动为主的市场活动，我们与瑞典博客平台Devote合作，这也是我们放出“天气图”信息的主要战略伙伴和渠道。两个瑞典最火的女性博主也同意为我们宣传这次活动。在活动开始前几周，她们让那些来自世界其他地方、被阳光宠坏了的评审们了解这次活动。我们也在YouTube上制作了一个预告片，我们把这些瑞典博主送到迈阿密，并以一段讨论瑞典冬天天气有多糟的对话作为开始。之后，她们给那些被阳光宠坏了的佛罗里达人看瑞典冬天的照片，我们以人们对这些照片的反应制作了一个视频。

这段有关糟糕天气的对话一时间成了热议的内容。与之配合的是脸谱网、天气预报网站以及博主网站上的广告条，这使得我们的信息在特定的人群里传播。我们的努力有了回报：我们的活动在Instagram上创了新高，收到了444 500条信息；在脸谱网上有75 000条信息。全部算来，在脸谱网和Instagram上，我们总共接触到了91%在18~35岁的瑞典女性。最重要的是，吉列维纳斯剃刀在网上的销量增长了100%，而宣传活动中的吉列产品在网上的销量更是增长了570%。瑞典人本来就习惯于谈论天气，我们所做的只是给他们一个新的地方去讨论，不仅如此，还对他们这种惯例行为给予奖励。

我们迈阿密的博主在“天气图”摄影比赛的决赛中，选出了大奖获得者。

天气图摄影比赛相关比赛规则与产品信息请参阅移动网站。

所有标签为“#tagtheweather”的图片都是通过现有Instagram平台收集的。

您Instagram上的天气图越是寒冷阴暗，您下次购买的打折力度就会越大。

您享受的折扣和密码会发送到您的移动设备上，可在当地零售商店兑换。

热门图片会发送给热门博主进行评判，最终决出头等奖。

158

分钟

美国人平均每天会

花 158 分钟在他们的

智能手机和平板电脑上。

数据来自移动应用数据统计分析平台 Flurry。

50%的本地搜索都是在移动设备上进行的。

数据摘自网站smartinsights.com。

50%

18

正在发生的未来

在这样一个发展迅速而又充满活力的领域，如果不摸着黑放几枪，很难做出具体的预测。但作为一名营销人员，技术发展的细节不该是你关注的重点。

你要找到规律，在噪声中找寻信号。比如，人们在移动设备上所关注的是什么类型的内容，使用什么样的设备，习惯在哪些社交媒体平台上进行分享，以及在什么地方做上述所有这些事情等。

还要留意各种新型的手持设备、制造这些设备的公司以及其所赖以运行的平台和操作系统。

移动端语言

你知道和一个不懂你在说什么的人交流是怎样的感受吗？你可能会发现自己情不自禁地提高了嗓门，甚至喊了起来。这么做实际上并没有什么好处，但能让你觉得好像传递出了一些信息。早期使用新媒体的人可能会这么说：他们不太了解如何进行沟通，因为他们还没有搞清楚在这种新型的交流渠道中要使用怎样的语言、有什么标准，所以他们就尝试用大量的歇斯底里的声音来弥补其质上的匮乏。你可能在想："这听起来太可怕了！何况还有毫无必要的昂贵成本！我还是等到其他人搞清楚如何在这种新媒体上沟通后再加入吧。"看起来似乎这是种聪明的行为，但事实上如果在其他人更好地理解了新媒体前，你却还没将脚趾伸进去，那么你将永远一事无成。

所以，不要害怕突然闯进一个新的媒体中，也不必一下子就大举推进，甚至不必采取直接对市场营销起作用的方式去进行，至少在最初阶段不用。你只要尽早地参与进去就可以。你只需要在论坛、博客和网友的聚会上，找到一些新兴的创意社区，然后尽管去体验，去分享你的故事，并大胆犯错，同时派人去参加会议和技术展就可以了。20 世纪 90 年代中期与 21 世纪初，我早在新西兰时就把这些全都做了一遍。如果我没在一个鼓励创新尝试的公司工作，如果不是为了看看我到底能做什么而去鼓捣那些怪异、狂野而奇妙的手机原模，那么我现在就不会有能力对思维和设备进行整合，而这对我来说已经是与全球客户协作的老习惯了。

技术世界是由很多人组成的，不是只有技术人员，因为营销经验与编码能力、设计能力一样有价值。如果你不知道从哪儿入手，最好和那些与新技术朝夕相处的人多多接触。在自己的办公室鼓励创新和技术试验，找一个“翻译”帮助你把自己在营销领域的专业经验带入新的领域。如果你的公司有足够的预算和带宽，那么即便只是单纯为了玩玩新设备，你也应该对试验性开发加以鼓励。即使你预算不够，也可以与那些有足够预算接触新技术的人保持联系——在网上各种各样的博客、教程、YouTube视频、设计文档中可以随时找到。如果负担不起派人参加商业电子展（CES）或西南偏南（South By Southwest）的成本，可以在办公室观看网络直播，并通过推特及众多网站的报道了解详细内容。就谷歌眼镜上市时间来说，虽然作为商用上市不到半年，但不论线上还是线下，都已经积累了大量的内容。很多令人兴奋的产品和趋势正在从科幻小说走向现实，而谷歌眼镜仅仅是其中之一。以下还有其他几件事需要你记住。

物联网

物联网就像这几个字所表述的字面意思那样，它把数字世界的东西带入现实中的实物世界。现在越来越难找出一个不属于“物联网”的产品类别，冰箱、烤面包机、服装都可以进入物联网，而随着传感器越来越精密、复杂，桌面、门把手、水龙头，甚至连人都有可能成为触摸感应界面，接入到我们周围由交互设备组成的网络之中。或许这听起来有点神乎其神，但阅读本书的每个读者都将在自己的职业生涯内见证，即便不是所有，大部分这些关联也能够成为你同客户联系的方式，甚至可能出现一些我们想都没想过的联系方式。不久的将来，移动设备会变成什么样子？这很容易预测：越来越小，越来越灵活，联系越来越紧密，越来越有机，侵入性越来越小，变得越来越无形等，我们可以一直列举下去。但是，你必须要知道，如果从这种疯狂、快速发展的创新潮流中退一步去看，你就会意识到媒体环境只会变得越来越多样化。如果你一直关注这些变化，就会发现这种多样化和创新实际上非但不会让你的生活变得困难，反而会让生活变得越来越容易。现在，花点时间调整自己，让自己适应各种移动领域的沟通方法，你就会找到贯穿未来在移动领域工作的那条不变的主线。

增强一切

在眼镜里放入电脑，这听起来像是科幻小说中的片段，但这样的增强现实计算机已经投放到市场上了——这就是谷歌眼镜。如果移动技术的迅速同化让我明白了什么，那就是谷歌眼镜以及其他为我们在现实世界创造增强体验的移动设备，它们将会比想象中更早地实现深度市场渗透。而且这种增强体验并不限于我们可以随身携带的东西，还有目前正在开发的智能汽车，很快这种智能汽车的配置，如预警显示器、精密的传感阵列及摄像头将成为行业标准。不仅如此，智能汽车还将会把所有这些功能整合在一起，让汽车自动驾驶、自动泊车并通过手机向你发送提示。今天看起来不切实际，明天就会“无比真实”。我一直是增强体验的支持者（当然要以正确的方式使用增强现实技术），并且我在增强现实理念方面已经努力了很多年。所以当谷歌眼镜这样昂贵的商用硬件将要渗透到日常沟通环境中时，我感到特别兴奋。虽然谷歌眼镜及其他研究项目，例如迪士尼实验室触摸研究项目，不会成为大多数品牌的主要营销平台，至少目前还不是，但你应该清楚已经有这样的平台存在了。因此，如果团队中有人想到任何创意或者想尝试什么，我不会阻止他们去探索！

自动驾驶汽车

停车找车位这种行为很快就可能像给打字机换墨水一样过时。几个致力于创新的公司，包括奥迪、雷克萨斯、丰田及无处不在的谷歌公司，都开发了一些原型汽车和车载系统，可以在不同的程度上实现汽车的自动驾驶。2013年夏季，瑞典汽车公司沃尔沃将自动驾驶汽车的概念又向前推进了一步，开发出了自动泊车功能。使用智能手机，驾驶员就能在当前位置自动找到距离最近的停车位。这样，驾驶员可以在目的地下车，然后点击一个按钮，汽车就能自动启动并停放到附近的车位。

当然，将这一系统投放到市场最大的障碍之一就是安全性，但是用不了多久，随着摄像头、雷达、激光传感器及无线通信的结合，自动驾驶将比人类自己驾驶更安全、更省油。

会学习的智能广告

定位服务的盛行告诉我们，超本地化的针对性内容只会变得越来越个性化、越来越复杂。随着我们的设备连接到云数据库以及互联账户，我们将会看到信息变得更具时效性和相关性。在这个年代，移动设备将超越电脑变成访问网络最常用的方式！2015年，成熟市场上所销售的移动设备中，智能手机已占80%以上，或许我们该将智能手机改名为智能××（摘自《福布斯》网站）。

作为一名营销人员，你的营销推算将能够对客户生成的定位数据进行回应，利用这些信息来量身定制信息，不仅可以把信息发送给个人接收者，而且可以在一个特定时间，发送到位于某个特定位置的接收者。

偏离理论：狂野的移动世界

从纯粹的财务角度看，你可能会认为消费者最终想要用一个设备来满足所有需求，例如通信、游戏及数据检索等。但是钱并不是消费者进行购买决策的唯一原因，甚至不是主要原因。有时候它就是某些东西所发出的超越理性的力量，这些东西神秘莫测、亲密而又能给人带来感官享受——我们的“至爱品牌”大体就是围绕这些因素建立的——而我们的移动设备有能力成为最强大的“至爱品牌”。

在快速发展的未来，与响应式信息配套的响应式设计实践是开发工作的最佳起点，我也推荐想找到“甜区”的人可以从这里开始。而把内容与故事相结合一直是，并且未来也仍然会是沟通中最重要的部分。媒体来了又去，有些存在了几百年，有些我们甚至还没有记住它就消逝得无影无踪。有时候你会发现，进入一个特定的平台就会让你受益匪浅，比如苹果iOS系统而不是安卓系统。但是大多数消费者并没有从苹果与安卓之间的对抗、笔记本电脑与手机对抗的角度去想，他们只是想得到自己想要的东西，一旦自己需要，任何手上的设备都能为其所用。不过开发商和营销人员却习惯从单个平台的角度思考，因为我们必须这样。然而，作为整体战略最好要看到各种媒体的可能性，因为绝大部分消费者也不会只局限于一种选择。

创造移动魔法

记住，营销的重点不是需要，而是想要，是欲望。移动设备有其固有的个性、感观享受和亲密特性，可以赋予你前所未有的学习能力、应对能力以及激发客户欲望的能力。

人们想要出现在移动端，并且有些人已经进入移动端。所以如果你不加入这个行列，可能很快就看不到他们的影子，甚至被彻底落下。当受众不能通过手机找到你，或者你在手机上的表现太糟，那基本上等于告诉受众，对你来说通过移动平台接入不那么重要。人们在手机上收发信息、接打电话、阅读自己喜欢的内容，而你却说他们的选择对你没那么重要。

盛世长城公司竭尽全力创造超越理性的客户忠诚度——移动设备如此亲密、如此私人化，如果不能让客户在任何地方都得到最好的体验，那么客户的忠诚度肯定很快就没有了。每一天，我们都会看到越来越多的例子——人们希望甚至期望得到便携的、移动的生活体验。我们想将自己的数据文件以及偏好从一个设备转到另一个设备上，想让这些东西在任何我们选择登录的屏幕上都能自动调试，让它们符合对时间以及特定位置的要求。我们喜欢分享，不管是在整个互联网上，还是在一两个具体的人之间。

作为营销人员，我们的信息需要处于这种世界里。客户在哪儿，我们就必须在哪儿；客户会出现在哪儿，我们就需要出现在哪儿。我们需要创造出移动魔法。

非常感谢那些同我一起码字、创意、修改、完善，最终完成这本书的朋友们：聪明而犀利的吉尔·莎尔，编辑麦特·纽曼和布莱恩·斯威尼，是他们让书得以出版。感谢那些电话、Skypes（一个网络语言沟通工具）连线、Dropbox（一个网络文件同步工具）信息、跨越时区的对话，以及在查理·萨奇先生曾用过的办公桌前所进行的长谈。

在本书的写作和准备过程中，史蒂夫·诺维茨基作为技术顾问功不可没。十分感谢朱莉·安德尔拉与格雷格·皮尔逊对通用磨坊公司及《幸运符大追踪》案例的研究，他们提供了很多故事素材，同时感谢来自TeamOne广告的阿拉斯泰尔·格林，来自盛世长城瑞典公司的皮尔·亚尔德格伦。

感谢凯恩·麦弗逊以及新西兰盛世长城

设计全球公司的团队，他们与我一起协作完成了这本书。

我从mobiThinking.com网站得到灵感并将其作为源源不断的资料库。非常感谢mobiThinking.com的数码战略师和编辑安迪·法威尔，在度假期间还帮我反复斟酌了很多观点。

还有其他很多人，他们的智慧和帮助也凝聚到了这本书中。感谢凯文·罗伯茨、安德鲁·普林莫、丹尼尔·冯·沙伊纳、凯马·布朗、沙拉·摩尔顿、杰瑞米·麦西、莎拉·谭、克里斯·普林莫、海蒂·杨、比尔科克伦·唐尼娅·莱西尔及迈克尔·锡伯杜。当然还有格力克·索查及伯克利。